Andreas Schmid
Maßstäbe setzen
Auf den Spuren Richard von Weizsäckers

Richard von Weizsäcker

Andreas Schmid

Maßstäbe setzen

Auf den Spuren Richard von Weizsäckers

Mit Fotografien von Helmut R. Schulze

Wichern-Verlag

Andreas Schmid, Journalist, Redakteur, Redenschreiber und Politologe, geboren 1961, arbeitet seit Jahren für Buch- und Zeitungsverlage. Er schrieb und produzierte historische Sachbücher und Themen-Chroniken sowie populärwissenschaftliche Werke zu Personen und Entwicklungen der Zeitgeschichte. Zu seinen Spezialgebieten zählen Themen des 20. Jahrhunderts, u.a. die europäische Integration, die Deutschlandpolitik sowie der deutsch-deutsche Einigungsprozess. 1996 war er Mitgründer des Redaktionsbüros txt redaktion & agentur (www.txt-agentur.de).

Helmut R. Schulze, Jahrgang 1929, geboren in Bad Liebenwerda, wohnhaft in Heidelberg, gehört zu den namhaften Fotojournalisten in Deutschland. Seit Anfang der siebziger Jahre hat er nahezu sämtliche große Persönlichkeiten der Zeitgeschichte fotografiert. Er begleitete Richard von Weizsäcker über seine gesamte Amtszeit als Bundespräsident und auch danach. Über ihn veröffentlichte er drei Bildbiografien. Seine Reportagen und Aufnahmen aus allen Kontinenten erschienen bei Bunte, Quick, Epoca, Der Spiegel, Focus, Gala, Welt am Sonntag, Zeitmagazin, FAZ Magazin, Time, Manchete, RNZ und anderen.

© Wichern-Verlag GmbH, Berlin 2010

Umschlag: Dietmar Silber, wichern-design, unter Verwendung eines Foto von Helmut R. Schulze
Satz: NagelSatz, Reutlingen
Druck und Bindung: Elbe Druckerei Wittenberg GmbH
ISBN 978-3-88981-289-6

Inhalt

ERSTES KAPITEL

Auf Spurensuche

In einem Interview, das Richard von Weizsäcker im Jahr 2010 der Zeitschrift „Frau im Spiegel" gab, sagte er von sich, dass er jetzt – in seinem 90. Lebensjahr – einen weiteren Beruf habe, „nämlich: Zeitzeuge. Ein ziemlich anstrengender Beruf: Immerfort werden Erinnerungen wach". Was für den ehemaligen Soldaten des Zweiten Weltkriegs, den Hilfsverteidiger des in Nürnberg angeklagten Vaters, den Kirchentagspräsidenten, den Regierenden Bürgermeister von Berlin und das sechste Staatsoberhaupt des Landes mühevoll ist, das ist ein Glück für all die, mit denen er seine Erfahrungen teilt. Die Menschen hören Richard von Weizsäcker nach wie vor gerne zu, sein Rat ist gefragt und seine Bücher sind Bestseller. Der Zeitzeuge Richard von Weizsäcker hat wichtige Weichenstellungen der deutschen Geschichte miterlebt, er weiß, wovon er spricht. Und das kommt gut an. Es gibt nicht viele Politiker, die sich auch im hohen Alter auf das öffentliche Parkett begeben, sich einmischen und den Meinungsaustausch suchen. Zumal auch nicht jeder über eine so stabile Gesundheit verfügt. Glück gehabt.

Richard von Weizsäcker war immer auch ein engagierter Protestant. Als Präsident des Deutschen Evangelischen Kirchentags prägte er in den sechziger Jahren diese Laienbewegung, deren Wurzeln bis ins 19. Jahrhundert zurückreichen. Nach dem Ende des Zweiten Weltkriegs hatten sich diese Treffen evangelischer Christen zu einer wichtigen Plattform für religiöse, spirituelle, gesellschaftliche und politische Themen entwickelt. Einer ihrer wichtigen Mentoren, die unaufgeregt ihre Anliegen in praktisches Handeln umsetzten, wollte Richard von Weizsäcker sein.

7

Als 1989 die Mauer fiel und Deutschland feierte, formulierte er als Staatsoberhaupt eine zentrale Aufgabe – „in der Freiheit bestehen". In seiner wichtigen Rede zum 3. Oktober 1990, als die DDR mit dem Beitritt zur Bundesrepublik die Einheit vollendete, betonte er dies erneut: „Jetzt ist die Mauer weg, und das ist das Entscheidende. Doch nun, da wir die Freiheit haben, gilt es, in ihr zu bestehen." Freiheit nicht nur als politisches Grundthema zu begreifen, sondern als einen zentralen Begriff im Christentum, ist ihm stets ein Anliegen gewesen. „Zur Freiheit hat uns Christus befreit", verkündete Paulus im Brief an die Galater (5,1).

Den Spuren Richard von Weizsäckers nachzugehen und zu ergründen, auf welchem Fundament sowie auf welchen persönlichen Erfahrungen und Einstellungen sein Handeln basierte, heißt auch, etwas mehr über den Menschen und Christen, aber immer auch über Deutschland und seine Geschichte zu erfahren.

Termin bei Richard von Weizsäcker im denkmalgeschützten Magnus-Haus, am Kupfergraben 7, schräg gegenüber dem Pergamonmuseum auf der Museumsinsel. Der Berliner Dom liegt nur ein paar Schritte entfernt. Freundliche Begrüßung, glattes Parkett, schwere Türen schließen sich, Tee, Kaffee und dann kann es losgehen.

Richard von Weizsäcker hat mich und viele andere jahrzehntelang begleitet. Seine eindrucksvollen Reden als Bundespräsident haben ebenso Maßstäbe gesetzt wie sein würdevolles Auftreten in so ziemlich jedem Winkel der Welt. Viele Reaktionen aus dem In- und Ausland zeigen bis in die Gegenwart, dass Richard von Weizsäcker nie ein typischer Politiker war, der sich an tagespolitischen Querelen abarbeitete, stets nur die Macht und die eigene Person im Fokus sah. Vielmehr war er ein kluger Denker, der um der Sache willen mit Leidenschaft um den besten Weg rang, der lieber Brücken bauen wollte als Gräben zu vertiefen, der Beweggründe der Menschen und Zusammenhänge verstehen sowie Zeichen der Versöhnung und des Ausgleichs setzen wollte.

Abseits des Protokolls immer für einen Scherz zu haben: Richard von Weizsäcker mit Schneeball im Schlosspark des bulgarischen Seebads Varna 1988.

In der evangelischen Kirche hat Richard von Weizsäcker unübersehbar und auf vielen Feldern seine Spuren hinterlassen. Fasziniert vom Kirchentag hat er sich später auch in der Amtskirche eingemischt. Die Mitarbeit in seiner Kirche war ihm immer eine Herzensangelegenheit und Ausdruck seines tiefen Glaubens. Auf dem Kirchentag in Köln 1965, dem ersten, den er als Kirchentagspräsident zu verantworten hatte, beschrieb er die Aufgabe der Laien: „Die Kirche ist nicht für sich selbst, sondern eben für diese uns gefährdende Welt da und teilt ihre Fragestellungen. Kirche soll Zeugnis geben. Dazu müssen wir unseren Glauben und Unglauben miteinander tragen. Unsere Sache ist nicht die eigene Verteidigung und der Kampf gegen das, was andere Gläubige für wahr halten.

Sondern unsere Sache ist der Versuch, wahrhaftig miteinander zu leben."

Auf eine Begegnung mit ihm freut man sich, weil man ahnt, dass er so ist oder sich so gibt, wie man ihn zu kennen glaubt: freundlich und distanziert, klug und authentisch, interessiert, direkt und sogar witzig, immer diszipliniert und wachsam. Und man hat ein wenig Bedenken, da dem Freiherrn unterstellt wird, manchmal ein wenig ungeduldig zu sein, gerade, wenn sein Gegenüber nicht schnell zur Sache kommt. Aber Richard von Weizsäcker ist nachsichtig. Seine Antworten gibt er besonnen und auf eine gestochene Weise, dass man sie gleich in die Druckmaschine geben möchte. Fragen, die er nicht beantworten will, weist er schlicht, aber bestimmt zurück.

Richard von Weizsäcker hat es sich und seinen Zuhörern nicht immer leicht gemacht. Viele Themen sind zu komplex, als dass sie in eine Schlagzeile passen würden. Richard von Weizsäcker hat meistens der Versuchung widerstanden, einfache Wahrheiten zu liefern. Der welt- und wortgewandte Freiherr hatte als Bundespräsident seinen eigenen Stil, der sich vor allem dadurch auszeichnete, dass er unprätentiös war und immer souverän blieb.

Das Gespräch mit Richard von Weizsäcker fand in dessen 90. Lebensjahr statt. 90 Jahre, in denen sein Leben – als Christ, als Wirtschaftsführer und natürlich als Politiker – eng mit den Entwicklungen deutscher Geschichte verwoben ist: von der Weimarer Republik bis zur Bundesrepublik im 21. Jahrhundert. Sein Lebensweg ist geprägt von intensiven persönlichen Erlebnissen, hohem gesellschaftlichem Engagement und einem ausgeprägten politischen Gestaltungswillen.

Richard von Weizsäcker ist unzweifelhaft einer der bedeutendsten deutschen Politiker der letzten Jahrzehnte. Gehen wir den Spuren eines Zeitzeugen deutscher Geschichte nach.

ZWEITES KAPITEL

Heimat, Wurzeln und Familie

Ein Weizsäcker, so könnte man meinen, hat bereits von Beginn seines Lebens an eine Bürde zu tragen. Man könnte auch sagen, eine Pflicht zu erfüllen. Wer in die traditionsreiche und berühmte Familie Weizsäcker hineingeboren wurde, musste sich stets der Geschichte und der eigenen Wurzeln bewusst sein. Die Bedeutung des Erbes ist weniger von materieller Natur, als vielmehr eine geistige, geistliche und moralische Verpflichtung, die auf den Leistungen hochangesehener Gelehrter und Politiker der Familiengeschichte beruht.

In vielfältiger Weise für das Gemeinwohl engagiert und mit politischen sowie gesellschaftlichen Entwicklungen verbunden, immer das öffentliche Leben der Gemeinde, der Region oder gleich des ganzen Landes mitgestaltend, einem hohen persönlichen Ethos folgend, tief verwurzelt im protestantischen Glauben war und ist es die Aufgabe, diesen Ansprüchen zu genügen, sie womöglich überzuerfüllen. Der Lebensweg Richard von Weizsäckers dokumentiert dies in beeindruckender Weise. Dass er natürlich auch aufgrund dieser Herkunft einen gewissen Bildungs- und Erfahrungsvorsprung vor anderen hatte, war ihm wohl bewusst.

Die väterlichen Vorfahren Richard von Weizsäckers hatten ihre Heimat im fränkischen, im hohenlohischen Land. In Öhringen, der heute größten Stadt im Hohenlohekreis, der sich das Land der Burgen und Schlösser nennt, siedelten sie sich dauerhaft an. Viele von ihnen waren Müller. Nun könnte man meinen, dass die Bedeutung des Namens Weizsäcker unmittelbar mit diesem ehrenwerten Handwerk zu tun hat. „Weizen", „Sack" und „Äcker" – grundlegende Voraussetzungen für die Ausübung des traditionellen Handwerks. Kein

Wunder, dass diese Auslegung auch in das bürgerliche Familiensiegel und schließlich ab 1916 in das Freiherrnwappen der Weizsäckers Eingang fand, die beide unter anderem drei Weizenähren zeigen. Es gibt aber auch die Deutung, dass der Name Weizsäcker von dem mittelhochdeutschen Wort „Watsack" stammt. Darunter verstand man einen Sack oder ein Behältnis für Kleider oder andere Dinge, die auf Reisen mitgeführt wurden. Der Watsacker soll demnach diesen Vorläufer eines Koffers hergestellt und damit einen dem Sattler ähnlichen Beruf ausgeübt haben. Professor Dr. Jürgen Udolph, Fachmann für Namensforschung und populär durch seine Rundfunkbeiträge, tendiert dazu, den Ursprung des Namens im „weizen-acker" zu sehen. Als Familienname sei *Watsack* bezeugt, nicht jedoch *Watsacker*. Zudem sei es lautlich nicht unproblematisch, von *Watsack(er)* auf *Weizsäcker* zu kommen. Udolph denkt daher, dass man einen Örtlichkeitsnamen *Weizen-acker* „der am Weizenacker wohnt" annehmen dürfe.

Die Geschichte der Familie Weizsäcker lässt sich Jahrhunderte zurückverfolgen, bis hin in weit verästelte Zweige in Oberbayern. Lassen wir sie im 18. Jahrhundert mit Gottlieb Jacob Weizsäcker beginnen. Die Schreibweise des Nachnamens ist in früheren Jahrhunderten nicht immer einheitlich – neben Weizsäcker findet sich Weidsäcker, Waidsecker oder auch Wadsacker. Gottlieb Jacob, gelernter Müller, schaffte einen bemerkenswerten Aufstieg. Er diente dem Fürsten Ludwig Friedrich Carl zu Hohenlohe-Öhringen als Hofmundkoch und schaffte damit für sich und seine Familie einen beruflichen und auch gesellschaftlichen Aufstieg. Sein Sohn aus zweiter Ehe, Christian Weizsäcker, erfüllte die vom Landesherrn in ihn gesetzten Hoffnungen, absolvierte die Schule als Klassenbester und durfte auf Kosten des Fürsten ein Theologiestudium in Göttingen beginnen. Mehr als 140 Jahre später, nach dem Ende des Zweiten Weltkriegs, hat auch Richard von Weizsäcker seine Studien in Göttingen begonnen. Christian Weizsäcker bewarb sich später erfolgreich als

Kaplan in Ingelfingen und wurde schließlich 1829 Stiftsprediger von Öhringen.

Sein Sohn Carl Heinrich Weizsäcker, der Urgroßvater von Richard von Weizsäcker, wurde evangelischer Theologe, Professor in Tübingen und Rektor der Universität. Nachdem er seine Professur zum Wintersemester 1861/62 angetreten hatte, wurde ihm der persönliche Adel verliehen – der erbliche sollte erst eine Generation später folgen. Berühmtheit erlangte Carl von Weizsäcker durch seine viel gelesene Übersetzung des Neuen Testaments, die mehrfach neu aufgelegt wurde. Dem Vater Richard von Weizsäckers war dieses Werk besonders ans Herz gewachsen. Die Bibelübersetzung des Vorfahren nahm er mit in seine Zelle, als er nach dem Ende des Zweiten Weltkriegs von den Alliierten inhaftiert und vor Gericht gestellt wurde.

Der Sohn des Bibelübersetzers, Karl Hugo, Richard von Weizsäckers Großvater, wurde Jurist und stieg in der Landespolitik in höchste Ämter auf; er kämpfte im deutsch-französischen Krieg, arbeitete an der Einführung des Bürgerlichen Gesetzbuches mit und wurde im Jahr 1906 Ministerpräsident Württembergs. Er hatte bereits 1897 den Personaladel verliehen bekommen. 1916 erhielt er vom württembergischen König Wilhelm II. den erblichen Adelstitel. Der Monarch schrieb, aufgrund der Verdienste „habe ich mich bewogen gefunden, Sie am Vorabend meines 25-jährigen Regierungsjubiläums in den erblichen Freiherrnstand des Königreichs sportelfrei zu erheben". Richard von Weizsäcker kannte seinen Großvater als scharfsinnigen und liebenswürdigen Mann: „Ich erinnere mich an seinen kleinen Wuchs und seinen spitzen Bauch, seine rasche und scharfe Zunge, seinen Witz und sein Wohlwollen", schrieb er über ihn.

Ein grundlegendes Prinzip ist bis in die Gegenwart wichtig für das Selbstverständnis der Familie: „Jede Generation hatte sich ihren Platz selbst zu erwerben. Entscheidend blieb die individuelle Qualifikation, gemäß den Regeln der werdenden Bürgergesellschaften, die die Leistungselite der Geburtselite gegenüberstellt", notierte Richard von Weizsäcker in seinen Erinnerungen. Eine humanistische Bildung, hohe Leistungsbereitschaft und ehrliches Interesse an Kultur und Wissenschaften waren wichtige Koordinaten für das persönliche Handeln; sie zu kombinieren mit einem Engagement für Angelegenheiten des Gemeinwesens war die Aufgabe des Bildungsbürgers. Schon Goethe hatte dem Bildungsbürgertum die Losung mitgegeben: „Wo käm die schönste Bildung her, und wenn sie nicht vom Bürger wär."

So unaufhaltsam der Aufstieg der Familie gelang – trotz wechselnden Glücks, mancher Schwankungen und Brüche –, so eng war er stets mit den geistigen und politischen Entwicklungen des Landes und der Region verknüpft. Dies zeigte sich gerade in der Schlussphase des Ersten Weltkriegs und den folgenden politisch instabilen Zeiten, in denen die Familie von Weizsäcker einen neuen Anfang suchte. Ernst von Weizsäcker, der Vater Richard von Weizsäckers, war als Korvettenkapitän in Wilhelmshaven von Bord gegangen, um als Verbindungsoffizier in Spa, einer Stadt in den Ardennen und mehrere Monate lang Sitz der Obersten Heeresleitung, bei der neuen Marineführung zu arbeiten. Seine Frau und die drei Kinder blieben in der Nähe von Wilhelmshaven, wo Ende Oktober 1918 der Matrosenaufstand ausbrach, der zusammen mit der Meuterei der Schiffsbesatzungen in Kiel das Signal zur Novemberrevolution gab. In Berlin und anderen deutschen Städten übernahmen Arbeiter und Soldaten die Macht. Kaiser Wilhelm II. musste abdanken und ging ins niederländische Exil. Über die Rolle des Kaisers schrieb Ernst von Weizsäcker: „Ich war damals der Ansicht, der Kaiser müsse sich entweder nach Berlin begeben, um sich dort persönlich durchzusetzen, oder aber an der Front die gegnerische Kugel suchen." Über seinen letzten Kontakt zum Monarchen notierte er: „Am Abend vor seiner Fahrt über die holländische Grenze sagte er sich noch im Hindenburg'schen Stab zum Abendessen an. Wir kannten den geheimen Reiseplan bereits. Es gab eine qualvolle Situation. Der Kaiser erschien, führte eine indifferente Tischkonversation und verabschiedete sich konventionell. Ich habe ihn nicht mehr gesehen."

In Deutschland wurde die Republik ausgerufen. Die Zeit, in der das Land einen Kaiser hatte, der sich Militarismus, Flottenaufrüstung und imperialistisches Machtstreben auf die Fahnen geschrieben hatte und den Deutschen mit aller Überheblichkeit einen „Platz an der Sonne" sichern wollte, war unwiederbringlich vorüber. Der Erste Weltkrieg hatte rund 15 Millionen Menschen den Tod gebracht, mehr als 20 Millionen waren verwundet worden. Das Staatensystem des alten Europa war in sich zusammengefallen, das politische und wirtschaftliche Machtzentrum der Welt verlagerte sich auf die Vereinigten Staaten von Amerika, die nach langem Zögern entscheidend in den Krieg auf dem europäischen Kontinent eingegriffen hatten. In Deutschland setzten sich die Sozialdemokraten vielfach an die Spitze der revolutionären Bewegung, um nicht zuletzt einen blutigen Bürgerkrieg wie während und nach der russischen Oktoberrevolution zu vermeiden.

Ernst von Weizsäcker war über Kassel nach Berlin gereist, hatte eine Denkschrift über den Völkerbund verfasst und arbeitete in der Personalabteilung der Marine. Seine Familie zog von Wilhelmshaven für kurze Zeit nach Stuttgart. Ernst von Weizsäcker schrieb dazu: „Für die Art des Revolutionsablaufs in Württemberg war es bezeichnend, dass wir dort im Königlichen Schlosse, in der Dienstwohnung meines Schwiegervaters auch jetzt noch Unterkommen fanden."

Der Versailler Vertrag wurde 1919 unterzeichnet und beendete den Ersten Weltkrieg formal und offiziell. Er diktierte dem Deutschen Reich einen bitteren Frieden. Reparationszahlungen, deren Höhe zum Abschluss der Verhandlungen noch gar nicht feststanden, und umfangreiche Gebietsabtretungen trafen Deutschland hart. Die Deutschen waren, über alle Parteigrenzen hinweg, empört und entrüstet, fühlten sich von den Siegermächten ungerecht und maßlos bestraft. Die verfassungsgebende Nationalversammlung in Weimar begann ihre Arbeit mit großer Hypothek – zumal auch die innenpolitischen Verhältnisse instabil blieben. Der Kampf gegen das Abkommen wurde fortan zu einem zentralen Anliegen der nationalistischen Agitation. Später begriffen viele den Weltkrieg mit seinen unmittelbaren Folgen als die Urkatastrophe des 20. Jahrhunderts, die den Keim späterer Entwicklungen bereits in sich trug. Manche hielten den Versailler Vertrag für den Geburtsfehler der Republik.

Ernst von Weizsäcker war am 28. Juni, dem Tag der Unterzeichnung des Versailler Vertrags, nicht mehr in Berlin. Er hatte die Stellung eines Marineattachés in Den Haag angetreten und seine Frau und Kinder in die Niederlande geholt. „Ich nahm den Posten gern an wegen der Verbindung mit dem Auswärtigen Dienst und zugleich im Gedanken, die Familie in ein Land mit guten Existenzbedingungen zu überführen", notierte er. Die fünfköpfige Familie lebte in einer bescheiden möblierten Wohnung. Nach knapp einem Jahr ging das Auslandsengagement der Weizsäckers auch schon wieder zu Ende. Ernst von Weizsäcker wollte und sollte beim Auswärtigen Amt in Berlin anheuern, seine Bewerbung war auf positive Resonanz gestoßen. Zunächst war er gehalten, probeweise in den konsularischen Dienst zu treten und im Vorfeld eine Schulung in der Reichshauptstadt zu absolvieren.

In den unruhigen Zeiten mit Kapp-Putsch und Generalstreik war an eine Fahrt mit der Bahn von Den Haag nach Berlin jedoch nicht zu denken. Der Jurist und Politiker Wolfgang Kapp hatte sich zum Reichskanzler ausgerufen. Widerstand formierte sich allerdings rasch, an einem Generalstreik am 15. März beteiligten sich zwölf Millionen Beschäftigte, deren Ziele sich wenigstens im Kampf gegen die Putschisten deckten. Vielerorts kam es zu blutigen Auseinandersetzungen zwischen Arbeitern und Freikorps.

Für Ernst von Weizsäcker kam eine gefährliche und unkalkulierbare Fahrt durch Deutschland nicht in Frage, da seine Frau Marianne zum vierten Mal schwanger war und die Nie-

derkunft unmittelbar bevor stand. Was war zu tun, zumal die
Wohnung in Den Haag bereits gekündigt, das Geld knapp war
und eine Entscheidung über das Reiseziel rasch getroffen werden musste? Freunde behoben zunächst die akute Geldnot,
eine reiche Bekannte bot zudem Unterstützung und gleich
einen Landsitz an, auf dem das vierte Kind der Weizsäckers
zur Welt kommen könne. Beinahe hätte Richard von Weizsäcker somit in den Niederlanden das Licht der Welt erblickt.

Doch Ernst von Weizsäcker entschloss sich, seine Familie
nach Stuttgart zu bringen. Ziel war erneut die Mansarde eines
Seitenflügels des Neuen Schlosses in Stuttgart, wo Mariannes
Vater, der frühere General Fritz von Graevenitz, ehemaliger
Generaladjutant des württembergischen Königs, noch seine
Dienstwohnung nutzen durfte.

Ernst von Weizsäcker gelang es, Plätze auf einem hollän-
dischen Frachtdampfer zu ergattern und so konnte die Fahrt
rheinaufwärts beginnen. „Sehr heiter war es nicht, von Bord
unseres Rheinfrachters ‚Kinderdyk‘ in Duisburg Schießereien
unter den Deutschen und weiter oben in Köln und Bonn die
Flagge der Alliierten wahrzunehmen. Wir steuerten in eine
immer noch recht ungewisse Zukunft hinein“, erinnerte sich
Ernst von Weizsäcker an die sorgenvolle Zeit.

Die drei Kinder waren noch klein, zwischen anderthalb
und sieben Jahren alt. Schließlich schaffte es die Familie bis
Mannheim und von dort weiter in die württembergische Lan-
deshauptstadt. Wie seine Eltern und drei der Großeltern
erblickte Richard von Weizsäcker schließlich in Stuttgart das
Licht der Welt. Es war der 15. April 1920. Die rote Fahne,
Überbleibsel schwerer Erschütterungen nach Abschaffung der
Monarchie und revolutionärer Vorgänge, soll noch auf dem
Dach des Schlosses geweht haben. Seine beiden Vornamen
Richard und Karl erinnerten an zwei Brüder der Mutter, die
im Ersten Weltkrieg starben.

Will man sich auf die Spuren Richard von Weizsäckers
begeben, so ist ein Blick auf Geschichte und Fundament der
Familie erhellend. Natürlich war die Familie privilegiert,

wenn auch materiell nicht in sicherem Fahrwasser. Sie gehörte einem Bildungsbürgertum mit besonderem Ethos an und verfügte über glänzende Kontakte – Netzwerke würde man heute sagen. „Durch Freundschaftsbeziehungen wäre ich beinahe bei der Württembergischen Hypothekenbank hängen geblieben", notierte Ernst von Weizsäcker über die unmittelbare Zeit nach dem Ende des Ersten Weltkriegs.

So unruhig die Frühzeit der Weimarer Republik politisch auch gewesen ist, es gelang der Familie immer, den Kindern ein Hort der Ruhe, Bildung und Fürsorge zu sein. Richard von Weizsäcker musste allerdings häufig auf seinen Vater verzichten, der in Berlin lebte, als Attaché und Konsul viele Dienstverpflichtungen hatte und oft auf Reisen war. Der Mittelpunkt der Familie und zuständig für die Bewältigung des Alltags war die Mutter. Mehr als zwei Dutzend Umzüge hat sie während ihres Lebens mitmachen müssen. Mit Ruhe, Willensstärke und Organisationstalent meisterte sie die Herausforderungen und förderte ihre Kinder je nach ihren Talenten.

Während sich die Familie in Stuttgart so weit es ging einrichtete, übte sich Vater Ernst im neuen Beruf im Auswärtigen Amt und wurde gleich mit verantwortungsvollen Aufgaben betraut. Bereits im Juli 1920 gehörte er zu einer Delegation, die im belgischen Spa an einer internationalen Konferenz teilnahm. Es war die erste große Gesprächsrunde nach dem Ersten Weltkrieg, an der deutsche Politiker wieder als weitgehend gleichberechtigte Verhandlungspartner teilnehmen durften. Die Themen des Treffens sollten in den folgenden Jahren die deutsche und internationale Politik mitbestimmen – es ging um die Gesamthöhe der deutschen Reparationszahlungen, die deutsche Entwaffnung sowie die Kohlelieferungen an die Alliierten. Ernst von Weizsäcker beschrieb den Charakter der Verhandlung so: Die Konferenz „trug die Kennzeichen der damaligen Verhandlungsweise: die deutsche Delegation rückte an mit dem Vorsatz, nichts zu versprechen, was nicht ausführbar wäre. Die Entente-Delegation überschritt diese Grenze. Die Deutschen sträubten sich. Dann wurde ihnen mit militärischen Maßnahmen gedroht".

Ernst von Weizsäcker war sich damals noch nicht sicher, ob die angestrebte Diplomatenlaufbahn wirklich der richtige Weg für ihn sei. Er erwog, in die Wirtschaft zu gehen, als ihm das Auswärtige Amt ein Angebot machte, in ihren Dienst übernommen zu werden. „Nach einigen Tagen schwerer Wahl entschloss ich mich, doch dem Staatsdienst treu zu bleiben, dem ich nun einmal nach Herkommen mich näher fühlte", erinnerte er sich später. Er hatte schließlich sogar die Qual der Wahl und durfte sich entscheiden, ob er das Konsulat in Genua, Innsbruck oder Basel übernehmen wollte. Ernst von Weizsäcker entschied sich für die neutrale Schweiz und dankte endgültig bei der Kriegsmarine ab.

Anfang 1922 folgte Ehefrau Marianne mit den vier Kindern und übersiedelte von Stuttgart nach Basel. Die Familie war wieder vereint, aber beruflich erwies sich die Zeit in der Schweiz als eher ernüchternd. Ernst von Weizsäcker sammelte vor allem Erfahrungen in der alltäglichen Konsulatsarbeit, die ihm bis dahin gefehlt hatten: „Politik hatten wir nicht zu machen. Durch Kleinarbeit musste das Konsulat dazu beitragen, den Deutschen am Ort das verlorene Ansehen wieder zu verschaffen." Darüber hinaus traf er Politiker, Intellektuelle und Künstler, knüpfte Freundschaften mit Robert Boehringer und Carl Jacob Burckhardt, die Jahrzehnte überdauern sollten. Richard von Weizsäcker hat seine ersten Erinnerungen dem Aufenthalt in Basel zu verdanken: „Ich spüre noch meinen vertrauensvollen und gehorsamswilligen Respekt, den ich am 6. Dezember 1923 vor dem gütig richtenden, nie enttarnten Baseler Nikolaus hatte, eben vor Robert Boehringer ... Er war neben meinen Eltern der für mich wichtigste Erwachsene, der mit seinem stets prüfenden Zuspruch prägenden Anteil an meiner Erziehung hatte." 1924 ging die Zeit in Basel zu Ende. Vater Ernst übernahm vor Weihnachten das Amt des Gesandtschaftsrats an der deutschen Botschaft in Kopenhagen.

Richard im Matrosenanzug 1925.

Als knapp fünfjähriger Knabe hatte Richard schon einiges von der Welt gesehen. Nun also ging es in die dänische Hauptstadt. Hier wohnte die Familie hochherrschaftlich, genoss die entspannte Atmosphäre und lernte Dänisch. Richard besuchte die deutsche Petri-Schule. Lesen und Schreiben konnte er bereits, was vor allem dem Ausbildungseifer seiner Mutter zu verdanken war. Auch der Jüngste der Familie wurde bestens gefördert und gefordert. Natürlich hatte Richard dadurch klare Wettbewerbsvorteile gegenüber seinen Mitschülern. Dies war ihm offenkundig schon früh bewusst; auch in seinem späteren Leben als Politiker blieb er für die Probleme milieubedingter Ungleichheit stets sensibel. Dass der Alltag der Weizsäckers nicht eben vergleichbar war mit dem vieler anderer Familien in dieser Zeit, verdeutlicht eine kleine Episode, an die sich Richard von Weizsäcker erinnert: Jeden Nachmittag traf er beim Spielen einen herrschaftlichen Reiter, den er stets grüßte und der zurückgrüßte, „je länger, desto vertrauter". Dass sein reitender Bekannter der König von Dänemark war, erfuhr er erst später.

Bis 1927 blieb die Familie in Kopenhagen, dann erfolgte im März erneut ein Umzug, diesmal nach Berlin. In der Wilmersdorfer Fasanenstraße fanden Richard und seine Familie eine schlichte und ziemlich dunkle Etagenwohnung in einem gewöhnlichen Berliner Mietshaus. Vater Ernst hatte man das neu geschaffene Sachgebiet Abrüstung im Auswärtigen Amt übertragen. Häufige Reisen gehörten selbstverständlich mit zu seinen Aufgaben; die Karriere nahm Fahrt auf.

Richards Schullaufbahn entwickelte sich so, wie die Eltern es sich erhofft hatten. Er besuchte zunächst die Volksschule an der Nachodstraße. Aufgrund herausragender Leistungen durfte er die dritte Klasse überspringen und ging schon ein Jahr früher als üblich auf das für sein hohes Leistungsniveau bekannte humanistische Bismarck-Gymnasium an der Pfalzburger Straße.

In den Berliner Jahren war das Familienleben bei Weizsäckers weitgehend harmonisch, ein wenig elitär und gut bildungsbürgerlich. Vier begabte Kinder, die in der Freizeit musizierten, diskutierten, klassische Dramen mit verteilten Rollen vorlasen und sich an Spielen wie dem chinesischen Mah-Jongg, bei dem Steine zu Sequenzen geordnet werden müssen, erfreuten. Immer wieder war es der Mutter vorbehalten, die Schwerpunkte im täglichen Leben zu setzen. Sie war die wichtigste Ansprechpartnerin bei Alltagssorgen und gab den Kindern mit Ruhe und Gelassenheit die notwendige Unterstützung. „Das größte Vorbild für mich war immer meine Mutter, die aber nie einen großen Gesang daraus machte, sondern mit ihrem Wesen und Leben das Vorbild war", erinnert sich Richard von Weizsäcker.

Seinen Vater hat er ebenfalls bewundert, wenn auch in ganz anderer Hinsicht. Richard von Weizsäcker lobte seine Kenntnisse in Geschichte und Geografie, schätzte seine kluge Art. Zudem war Vater Ernst ein begabter Aquarellmaler, der seine Reisen, die er während seiner Marinezeit in fremde Länder unternahm, mit dem Pinsel festhielt. Dies scheint jedoch eine der wenigen emotionalen Äußerungen zu sein, die sich der Vater gestattete. Er blieb zeit seines Lebens mehr dem rationalen Denken verpflichtet – nicht verwunderlich für einen Mann im diplomatischen Dienst, aber auch begründet in seinem zurückhaltenden Wesen. Richard von Weizsäcker, in der Öffentlichkeit ebenfalls stets beherrscht und der Vernunft verpflichtet, wünschte sich als Kind ein wenig mehr Zuwendung vom Vater: „Doch wie es sich für einen ordentlichen Schwaben gehört, quoll ihm der Mund nicht von Gefühlsäußerungen über. Man konnte an ihm beobachten, was die ganze Familie ein wenig kennzeichnete: Wir müssen offenbar erst innere Barrieren überwinden, bis wir zu glauben bereit sind, dass Gefühle bleiben, was sie sind, sobald wir sie vernehmbar aussprechen. Diese Scheu oder Zurückhaltung mag verständlich sein. Aber sie ist auch eine Schwäche; denn die meisten Menschen wollen doch die Wärme und Anteilnahme spüren und hören, statt sie erraten zu müssen."

Die Mutter umringt von ihren Kindern Richard, Heinrich, Adelheid und Carl Friedrich (v.l.) im Jahr 1927.

Die Geschwister hatten für Richard ganz unterschiedlich bedeutsame Rollen: mit dem ihm vom Alter am nächsten stehenden Bruder, Heinrich, verband ihn eine ganz besondere Beziehung und Zuneigung, Schwester Adelheid nannte er die „Vernunftquelle" der Familie und Bruder Carl Friedrich, der Älteste, war quasi eine Kategorie für sich – schon früh als hochbegabt erkannt, begann er bereits als Kind mit seinen Studien und wurde von den Geschwistern ausnahmslos bewundert. „Meine Geschwister waren mir nicht nur im Alter, sondern doch auch in ihren Hauptinteressen immer deutlich voraus. Mein ältester Bruder – acht Jahre älter – war im Grunde genommen schon mit zwölf Jahren ein autodidaktischer Astronom, der seiner Mutter seine astronomischen Kenntnisse vermittelte und dann sagte: Wenn Du was nicht verstehst, kannst du mich ruhig fragen." Der älteste Bruder war befreundet mit dem Physiker Werner Heisenberg. An Heisenbergs Reaktion auf den Plan Carl Friedrichs, Philosophie zu studieren, erinnert sich Richard von Weizsäcker so: „Heisenberg sagte ihm: Davor musst du erst einmal etwas Anständiges lernen – und mein Bruder wurde zunächst Physiker."

Neben den bildungsbürgerlichen Spielen, den Freizeitvergnügungen und der Hausmusik hätte der jüngste Spross der Familie sich gerne mal auf anderen Gebieten ausgetobt: „Aber auch meine zwei anderen Geschwister waren zweifellos ernsthafter als ich." Richard von Weizsäcker hätte sich gefreut, wenn sonntags auch mal gespielt und nicht nur schöne Literatur vorgelesen worden wäre. „Meine Mutter hat dies immer alles wunderbar zusammengehalten. Aber dass jüngere Geschwister die älteren in deren Interessen gelegentlich auch etwas aus der Ruhe bringen und stören, das gibt es ja überall", so Richard von Weizsäcker. Trotz der „Bürde", das Nesthäkchen der Familie gewesen zu sein, bot die anregende und fördernde Freizeitgestaltung eine gute Grundlage für die weitere Entwicklung. Dass er nach dem Tod des Bruders Carl Friedrich im Jahr 2007 schließlich der „lebensälteste Träger des Familiennamens" wurde, habe ihn eine Zeitlang beschäftigt, „wo man doch immer nur als Jüngster aufgewachsen ist".

In diesen Berliner Jahren – Ende der zwanziger, Anfang der dreißiger Jahre – lieferte die Familie für Richard von Weizsäcker so wichtige Impulse, dass sie auch Jahrzehnte später noch Wirkung zeigten: „Immer wieder bin ich mir im Lauf der Zeit bewusst geworden, dass das Schicksal mir mit der eigenen Familie einen Vorzug von unschätzbarem Wert geschenkt hat. Sie war und blieb für mich der entscheidende Rückhalt und Segen im Leben." Berlin war in dieser Zeit eine pulsierende Metropole: In der Reichshauptstadt wurde das Pergamon-Museum eröffnet, hatte „Der blaue Engel" mit Marlene Dietrich Premiere, erkämpfte Hertha BSC die deutsche Fußballmeisterschaft, entstand in der Masurenallee das erste Rundfunkhaus in Deutschland. Aber auch dies war Berlin: SA-Männer besetzten das Gebäude der NSDAP, auf dem Kurfürstendamm kam es zu antisemitischen Ausschreitungen, im Sportpalast verkündete Joseph Goebbels, dass Adolf Hitler für das Amt des Präsidenten kandidieren wolle.

Die Weizsäckers waren trotz des Berufs des Vaters offenkundig materiell nicht abgesichert. Als Richard sich mit zehn Jahren den Arm brach und die Behandlung viel Geld verschlang, „brachte dies meine Eltern in die Nähe des Ruins" – staatliche Beihilfe sprang nicht ein, wie er sich später erinnerte. Behütet und umsorgt im Familienkreis war es Richard aber schon zu dieser Zeit vergönnt, über den Tellerrand der eigenen Erfahrungswelt zu blicken. Seine Mutter engagierte sich im Stadtteil Neukölln in sozialen Dingen und kümmerte sich um uneheliche Kinder. „Durch solche Eindrücke von wachsender Armut und einer Not, die den Anstand, die Gesundheit und das Leben bedrohte, öffneten sich mir die ersten bewussten Blicke über den Horizont der Familie hinweg in die allgemeinen Verhältnisse", schrieb Richard von Weizsäcker.

Später, als er als Staatsoberhaupt der Bundesrepublik amtierte, verschloss er nie den Blick vor den Sorgen und

Nöten der Menschen und hat sich nachdrücklich für die sozialen Belange eingesetzt. In einer Rede zur Tagungseröffnung der Bundesarbeitsgemeinschaft Hilfe für Behinderte sagte er 1993: „Es ist normal, verschieden zu sein. Es gibt keine Norm für das Menschsein. Manche Menschen sind blind oder taub, andere haben Lernschwierigkeiten, eine geistige oder körperliche Behinderung – aber es gibt auch Menschen ohne Humor, ewige Pessimisten, unsoziale oder sogar gewalttätige Männer und Frauen. Dass Behinderung nur als Verschiedenheit aufgefasst wird, das ist ein Ziel, um das es uns gehen muss."

In Deutschland und so auch in Berlin stieg die Arbeitslosigkeit in den dreißiger Jahren dramatisch an, die politische Situation spitzte sich zu und die Weimarer Republik taumelte in ihre Endphase. Richard von Weizsäcker und seine Schulkameraden, viele von ihnen jüdischen Glaubens, diskutierten durchaus eifrig, hatten aber nur wenige Kenntnisse von innenpolitischen Spannungen und gesellschaftlichen Problemen. Seit dem Sommer 1931 war der Vater Gesandter in der norwegischen Hauptstadt Oslo. Der erneute berufliche Wechsel hatte natürlich auch Auswirkungen auf die Familie. Frau und Tochter begleiteten ihn in das skandinavische Land. Der elfjährige Richard blieb mit seinem Bruder Heinrich in Berlin, kam bei Freunden unter, da es für sie in Oslo keine geeignete Schule gab. Bruder Carl Friedrich studierte seit 1929 in Berlin, später in Göttingen und Leipzig.

Den schicksalhaften 30. Januar 1933 erlebte Richard im Sportpalast bei einem Reit- und Fahrturnier. Während eines Springwettbewerbs wurden Extrablätter angeboten. Hitler war zum Reichskanzler ernannt worden. Kurz darauf stand der Reichstag in Flammen, setzte die Notverordnung wesentliche Grundrechte außer Kraft, die demokratischen Institutionen wurden systematisch ausgehebelt. „Die Atmosphäre erschien undurchsichtig. Im sogenannten gebildeten Bürgertum gab es noch immer kaum ein Gespür für die Bewegungen und Ressentiments in tieferen Schichten der Gesellschaft und

Hausmusik im Hause Weizsäcker mit Richard, Adelheid und Heinrich (v.l.), 1928.

ebenso wenig für die Hohlräume in der eigenen konservativen Denkweise. Viele der Ahnungsvollen waren seltsam waffenlos", schrieb Richard von Weizsäcker später über diese Zeit.

Im April 1933 holten die Eltern Richard nach Oslo und sorgten – zur Freude des Sohnes – für Privatunterricht, da noch immer keine geeignete Schule zu finden war. Der evangelische Vikar Hermann Häberle übernahm diese Aufgabe. Der Theologe selbst erinnerte sich, dass er sich streng an das von den Berliner Gymnasiallehrern vorgeschriebene Pensum zu halten versuchte, Richard von Weizsäcker blieb jedoch vor allem der Religionsunterricht in Erinnerung. „Mir wurde dort während dreier Monate ein Privatunterricht durch den schwäbischen Vikar Hermann Häberle zuteil, der mir das Vaterunser auf eine Weise deutete und nahe brachte, die allem Glaubensüberschwang oder tiefem Zweifel standhielt", erinnerte er sich. Der mathematische und fremdsprachliche Unterricht des Theologen hat bei Richard von Weizsäcker keinen größeren Eindruck hinterlassen. Heutzutage, so Richard von Weizsäcker, sei es immer schwerer, den Kindern und Jugendlichen Religion und Christentum zu vermitteln – nicht zuletzt aufgrund der neuen Technik, die für viel Ablenkung sorgt: „Kinder fangen in frühester Jugend an sich auf dem Wege über das Internet, an großen oder kleinen Spielen zu beteiligen, bevor sie in ein Alter mit ersten Lebenserfahrungen hineinwachsen, auf dessen Boden es dann für einen Vikar nicht nur verantwortlich, sondern auch möglich ist, zu erklären, was er mir damals nahegebracht hat." Auch für Eltern und Großeltern sei es nicht leicht – in Konkurrenz mit vielen technischen Versuchungen – christlichen Glauben zu vermitteln. In einem Zeitungsinterview im Jahr 2007 zum deutsch-polnischen Verhältnis konnte er sich eine kleine Spitze gegen die Errungenschaften des Computerzeitalters nicht verkneifen: Die junge Generation befinde sich „in einer vorzüglich organisierten Selbstisolierung. Ich freue mich, dass wir damals miteinander direkt sprachen, und nicht online".

Für die Familie stand 1933 erneut ein Umzug an; der Vater war nach Bern beordert worden. Richard von Weizsäcker hatte ein Privileg, das in dieser Zeit nicht viele Kinder und Jugendliche genießen konnten. In einer Zeit, in der die Nationalsozialisten systematisch den Staat nach ihrer Ideologie umbauten, Grund- und Parlamentsrechte außer Kraft setzten und ihre Rassenpolitik in die Tat umzusetzen begannen, konnte er die Entwicklungen in Deutschland vom neutralen Ausland aus verfolgen.

In Deutschland entledigte sich Hitler durch eine brutale Mordaktion seiner Widersacher. Er ließ 1934 unter anderem SA-Chef Ernst Röhm ermorden. Nach dem Tod von Staatspräsident Paul von Hindenburg Anfang August übernahm Hitler auch das Amt des Staatsoberhauptes und bündelte die komplette Macht in seinen Händen. Mit dem Barmer Bekenntnis veröffentlichten die evangelischen Christen der

Bekennenden Kirche eine fundamentale Erklärung „zur gegenwärtigen Lage der Deutschen Evangelischen Kirche", die sich unter anderem gegen den totalen Staat und die Verfälschung der christlichen Lehre durch die regimetreuen „Deutschen Christen" wendete. Das vom Theologen Karl Barth und anderen erarbeitete Dokument gilt bis in die Gegenwart als ein wichtiges Glaubenszeugnis.

Richard von Weizsäcker hatte sich in der Schweiz eingelebt. Er ging auf das Berner Literargymnasium und eignete sich sogar das Schweizerdeutsch an, sprach es aber nur in wenigen Situationen. „Weiz", wie ihn seine Schulkameraden nannten, wurde ein guter Sportler, vor allem in der Leichtathletik. Besonders die Mittelstrecken hatten es ihm angetan. Auch das Skilaufen entdeckte er für sich. Bis ins hohe Alter blieb Richard von Weizsäcker ein guter und begeisterter Sportler; im Alter von 65 Jahren legte er erstmals die Prüfungen zur Erlangung des Deutschen Sportabzeichens ab – seitdem wiederholte er sie mehrfach.

Der jugendliche Richard wusste auch die Annehmlichkeiten einer deutschen Gesandtschaft ganz gut für private Zwecke zu nutzen. Für die Klassenkameraden organisierte er – natürlich in Abwesenheit der Eltern – feuchtfröhliche Feste und Tanzabende, bei denen gute Weine und teure Zigarren probiert wurden.

Im Januar 1937 verließ Richard von Weizsäcker Bern und besuchte die letzten drei Monate vor dem Abitur erneut das Berliner Bismarck-Gymnasium, da sein Jahrgang in Deutschland die Möglichkeit hatte, ein Jahr früher als üblich das Abitur abzulegen. Die Reifeprüfung gelang dem noch Sechzehnjährigen ohne Probleme, einige Schwächen in Mathematik konnte er erfolgreich verbergen.

Mit dem bestandenen Abitur stellte sich die Frage, was er nun machen sollte. Für den Arbeits- und Wehrdienst noch zu jung, entschloss er sich, Englisch zu lernen und sein Französisch zu verbessern. Er belegte je ein Auslandssemester in Oxford für die englische und in Grenoble für die französische

Sprache. In Oxford konnte er schon bald Vorlesungen hören und an Diskussionen teilnehmen. Im Anschluss verbrachte Richard ein paar Monate bei einem Landarzt in Wiltshire und genoss die Gespräche sowie die nachbarschaftlichen Einladungen zu Tee und Spielen.

Zum Wintersemester 1937/38 wechselte er nach Grenoble. Neben einer Verbesserung seiner französischen Sprachkenntnisse feilte er in dem Wintersportort vor allem an seinen Künsten als Skifahrer. Nach der Musterung im Frühjahr 1938 musste er zunächst zum Arbeitsdienst in Berlin antreten, eine Voraussetzung, um zum Studium zugelassen zu werden.

DRITTES KAPITEL

Im Krieg –
Last und Verpflichtung fürs Leben

Richard von Weizsäcker gehörte zu den Männern, die während des gesamten Zweiten Weltkriegs Soldat waren. Schon am zweiten Tag fiel sein Bruder Heinrich in seiner direkten Nähe – ein Erlebnis, das ihn sein Leben lang begleitete.

Eigentlich hatte der 18-Jährige nach seinen Auslandsstudien in Großbritannien und Frankreich den Arbeits- und Militärdienst so rasch wie möglich hinter sich bringen wollen, um ein Studium in Deutschland beginnen zu können. Er war wissenshungrig und neugierig auf die Zukunft – die Hoffnung auf einen glücklichen Start ins Leben sollte aber an den Klippen der Politik zerschellen.

Richard von Weizsäcker musste sich zunächst in die Kolonnen des Reichsarbeitsdienstes einreihen, der früher freiwillig gewesen war, 1935 aber per Gesetz zur Pflicht für junge Männer erhoben wurde. Mit dem Drill und der straffen Organisation war der Arbeitsdienst so etwas wie eine vormilitärische Ausbildung. Im Straßen-, Deich- oder Kanalbau mussten die jungen Menschen schuften. Richard von Weizsäcker hat keine besonders positiven Erinnerungen an diese Dienstpflicht, die ihn zum Roden und Pflanzen in die Schorfheide an den Werbellinsee nördlich von Berlin führte. Die Herausforderungen blieben doch sehr überschaubar. Immerhin lobte er die Kameradschaft, vor allem von einer „Gruppe von Berliner Ofensetzern, die mich in wichtige Geheimnisse des Lebens einweihten. Sie amüsierten sich über meine Aufklärungs- und Erziehungslücken im Verhältnis von Männlein und Weiblein, waren aber mitfühlend bereit, mich aus dem Zustand der Unwissenheit zu befreien", schrieb er in seinen Erinnerungen.

Kurz bevor Richard von Weizsäcker seinen sechsmonatigen Dienst mit dem Spaten ableistete, war Vater Ernst zum Staatssekretär im Auswärtigen Amt berufen worden, eine Aufgabe, die er 1933 aus politischen Erwägungen abgelehnt hatte. Damit war sein Einfluss gestiegen, den er dafür einsetzen wollte, einem befürchteten Krieg entgegenzusteuern. „Gerade jetzt musste man für den Frieden arbeiten, und die einzige Chance dafür war im Dienst unseres Amtes, nicht außerhalb", war sich der Vater sicher. Im Außenamt hatte sich mittlerweile Joachim von Ribbentrop eingerichtet. Es war ein verhängnisvoller Aufstieg für Ernst von Weizsäcker, wie sich in den folgenden Jahren zeigen sollte. Er verstrickte ihn in Machenschaften, die er mit all seiner diplomatischen Erfahrung und seinem politischen Geschick weitgehend erfolglos zu verhindern versuchte. Der Vater begründete seinen Schritt später so: „Bei einem Amateur als Außenminister stand im inneren Betrieb der Staatssekretär an der Lötstelle zwischen Dilettantismus und Sachverstand. Dem Ausland gegenüber hatte er eine Schlüsselstellung. Diese auszuschlagen und an einen Unbekannten preiszugeben, das hieß, der Verantwortung bewusst aus dem Wege gehen, das wäre eine Kapitulation gewesen, wohl auch für unser altes Amt ... Für das Auswärtige Amt war der Kampf um den Frieden, und zwar um den Weltfrieden, oberste Pflicht ... Ich entschloss mich, diesen Kampf aufzunehmen, nicht trotz, sondern gerade wegen des Abgrunds, der zwischen unserm Amt und seinem neuen Außenminister zu klaffen schien." Dass er mit seinem Vorhaben scheitern würde, konnte er zu diesem Zeitpunkt noch nicht wissen.

Für alle Demokraten und Friedensfreunde war 1938 ein Jahr der Ernüchterung und der schweren Rückschläge. Im März marschierten deutsche Truppen in Österreich ein, der sogenannte Anschluss des Nachbarlandes wurde vollzogen. Mit dem Münchener Abkommen, an dem Ernst von Weizsäcker maßgeblich beteiligt war, gestanden Großbritannien, Frankreich und Italien dem Deutschen Reich zu, sich die sudetendeutschen Gebiete einzuverleiben. Das Zugeständnis an den Diktator Adolf Hitler konnte den großen Krieg letztendlich nur aufschieben. Die Wehrmacht marschierte am 1. Oktober in das Sudetenland ein. In Deutschland überzogen SA-Trupps am 9. November das Land mit Terroraktionen gegen Juden. Jüdische Bürger wurden ermordet und verschleppt, Synagogen angezündet, Geschäfte geplündert. Verharmlosend nannte man das Pogrom Reichskristallnacht.

Nach dem Reichsarbeitsdienst folgte für Richard von Weizsäcker der Militärdienst, den er ursprünglich bei der Aufklärungsabteilung, dem Traditionsregiment der 1. Garde-Ulanen, in Stahnsdorf nahe Berlin absolvieren wollte. Doch es kam anders. Bruder Heinrich, der bereits als Berufssoldat im berühmten Potsdamer Infanterieregiment 9 diente, holte ihn im Herbst 1938 zu seiner Einheit. Dieser Teil der Truppe war etwas ganz Besonderes – geschichtsbewusst, den Traditionen der Garderegimenter sowie der preußischen Armee verpflichtet. Hier dienten überdurchschnittlich viele Aristokraten – „Graf Neun" lautete dann auch der Spitzname des Potsdamer Regiments. Dessen Soldaten legten wie die aller anderen Teile der Wehrmacht auch seit 1934 ihren Eid auf den „Führer" Adolf Hitler und nicht mehr auf die Verfassung ab. Trotz dieser persönlichen Verpflichtung galt das Infanterieregiment 9 vielen als so etwas wie ein Rückzugsort, der – so hoffte man – von permanenter nationalsozialistischer Indoktrination verschont bleiben könne. Die Schrecken des Krieges gingen an den Soldaten nicht vorbei; dass relativ viele Widerstandskämpfer aus den Reihen des Regiments stammten, zeigte jedoch, dass hier unabhängiges, kritisches Denken und Diskutieren nicht gänzlich unterdrückt werden konnte. 19 aktive und Reserveoffiziere des Regiments, das aus drei Bataillonen mit 3 200 Soldaten bestand, wurden nach dem missglückten Attentat auf Hitler am 20. Juli 1944 als Verschwörer hingerichtet. So viele Opfer aus Kreisen des militärischen Widerstands hatte kein anderes Regiment zu verzeichnen.

Für Richard von Weizsäcker begann das Leben als Soldat wie für alle anderen Rekruten auch mit Appellen, Exerzieren,

Gefechtsübungen. Es war noch kein Jahr nach seinem Eintritt ins Infanterieregiment 9 vergangen, als die Mobilmachung kam und seine Einheit in der Nacht zum 27. August 1939 Richtung Osten verlegt wurde. Dies ging ruhig, diszipliniert und ohne Claquere am Straßenrand vonstatten. Krieg, so Richard von Weizsäcker, sei nicht populär gewesen. In der Bevölkerung habe weitgehend Verstörung und Angst geherrscht.

Am 23. August hatten Reichsaußenminister Ribbentrop und sein sowjetischer Amtskollege Wjatscheslaw Molotow in Moskau den sogenannten Hitler-Stalin-Pakt, die deutsch-sowjetische Nichtangriffsvereinbarung, und ein geheimes Zusatzprotokoll zur Abgrenzung der „beiderseitigen Interessenssphären" unterzeichnet – das Schicksal Polens war damit, nicht zum ersten Mal in der Geschichte, besiegelt. Zwei ideologisch so gegensätzliche Systeme hatten sich zum Entsetzen der Weltöffentlichkeit und um der Machtpolitik willen auf einen schmählichen und folgenreichen Vertrag verständigt.

Polen war in der Geschichte schon wiederholt zum Opfer seiner Nachbarn geworden. 1772, 1793 und 1795 hatten Russland, Preußen und Österreich das Land unter sich aufgeteilt. Für mehr als ein Jahrhundert verschwand ein selbstständiges Polen von der Landkarte. Der Stolz und das Nationalbewusstsein der Menschen überdauerten diese Zeit. Nach der wiedergewonnenen Souveränität, die mit dem Ende des Ersten Weltkriegs kam, wurde es bereits 20 Jahre später erneut okkupiert. Das Schicksal des Landes hat Richard von Weizsäcker sein Leben lang tief bewegt: „Polen war das erste Opfer des Zweiten Weltkriegs. Wir sind da einmarschiert – auch ich – ohne im Grunde irgend etwas über die Geschichte und Kultur der Polen zu wissen. Und am Ende des Krieges zählten sie zu den Siegern – aber was war das für eine Siegerrolle in praktisch völliger Abhängigkeit von der Sowjetunion." Dass Polen Jahrzehnte später mit dem Gewerkschaftsverband Solidarnosc eine Vorreiterrolle bei der Demokratisierung Osteuropas spielen sollte, heute eine selbstbewusste moderne Republik mit parlamentarischem System, Mitglied der NATO und seit 2004 Teil der Europäischen Union ist – dass das in dieser kurzen Zeitspanne passierte, hätte niemand für möglich gehalten. Dass das Verhältnis Deutschlands zu Polen immer auch ein schwieriges war und ist, überrascht nur diejenigen, die die historischen Ereignisse ignorieren. Heute, mehr als 70 Jahre nach dem Überfall der deutschen Truppen auf Polen am 1. September 1939 ist es relativ leicht, sich ein qualifiziertes Bild von unserem Nachbarn und seinen historischen Wurzeln zu machen – wenn man nur will.

Richard von Weizsäcker konnte zu Beginn des Krieges wichtige Zusammenhänge nicht kennen und war damit nicht allein. Viele junge Menschen überblickten und ergründeten nicht, was sich hinter den politischen Kulissen zusammenbraute. Dafür sorgte vor allem die deutsche Propaganda. Eine exzellente Bildung und eine herausgehobene gesellschaftliche Stellung verhalfen nicht automatisch zu einem klaren Blick auf die Dinge. „Vom geheimen Protokoll zwischen Stalin und Hitler, das die Voraussetzung für den deutschen Angriff auf Polen schuf, wussten wir nichts. Die deutschen Zeitungen waren voll von Berichten polnischer Übergriffe und Provokationen gegen deutsche Minderheiten. Wer wusste, ob die Berichte stimmten? Geglaubt wurde das meiste", sagte Richard von Weizsäcker mit Blick auf die damalige Zeit. Selbst für ihn, dessen Vater an maßgeblicher Stelle im Außenministerium wirkte, blieben Hintergründe und internationale Weichenstellungen in wichtigen Punkten verborgen. Wenige Gespräche habe es mit dem Vater gegeben, der allerdings, dies sei ihm anzumerken gewesen, immer mehr die Hoffnung verloren habe, den Frieden bewahren zu können.

Anfang August 1939 hatte Richard von Weizsäcker sich nach zwei Gewaltmärschen mit Beschwerden auf der Krankenstation gemeldet, erhielt jedoch den Rat, sich nicht so anzustellen. Am nächsten Tag, nach weiteren Marschkilometern, brach er zusammen und wurde in das nächstgelegene Krankenhaus transportiert. Der Chefarzt diagnostizierte eine akute Blinddarmentzündung und operierte sofort. Nach dem Krankenhausaufenthalt durfte er zur Genesung zu den Eltern nach Berlin fahren. Drei Tage später musste er allerdings schon wieder bei seinem Regiment antreten – die Mobilmachung war angeordnet worden.

Am 1. September 1939 begann der Zweite Weltkrieg; das Linienschiff „Schleswig-Holstein" eröffnete das Feuer. Ziel waren die polnischen Befestigungen auf der Westerplatte vor Danzig. Schon zuvor war die Weichselbrücke bei Dirschau ins Fadenkreuz deutscher Sturzkampfbomber geraten. Mehr als 50 Jahre später sollte Richard von Weizsäcker als Bundespräsident an den historischen Ort auf der Westerplatte bei Danzig zurückkehren. 1990 bekräftigte er bei seinem ersten offiziellen Besuch in Polen die Unantastbarkeit der Oder-Neiße-Linie als deutsch-polnische Grenze. Er hat diese Reise als die wichtigste seiner Amtszeit eingestuft.

Am frühen Morgen des 1. September 1939 überschritt Richard von Weizsäcker mit seiner Einheit die polnische Grenze. In Eilmärschen ging es Richtung Weichsel. Südwestlich von Danzig kam es in der Tucheler Heide zur Schlacht, einer welligen Moränenlandschaft, in der sich zu Kaisers Zeiten ein Truppenübungsplatz befunden hatte. Am zweiten Tag der Offensive fiel bei einem Bahndamm bei Klonowo sein Bruder Heinrich: „Ich war in einer MG-Kompanie, mein Bruder Heinrich Zugführer in einer Schützenkompanie. Bei einem Sturmangriff wurde er durch einen Schuss in den Hals tödlich getroffen. Erst in der Dunkelheit konnte sein Leichnam geborgen werden", erinnerte sich Richard von Weizsäcker. Sein Bruder Heinrich, der 300 Meter neben ihm den Tod fand, wurde nur zweiundzwanzig Jahre alt. „In der Nacht wachte ich bei ihm, dem heißgeliebten Bruder, bis wir ihn morgens zusammen mit anderen Gefallenen am Waldrand begruben. Dann mussten wir weiterziehen. Wer könnte die Empfindungen dieser Stunden beschreiben? Kaum hatte der Krieg begonnen, hatte er mein Leben schon für immer geprägt; es war nie mehr dasselbe wie zuvor." Die

Richard von Weizsäcker als Soldat auf Urlaub in der Domstadt Köln, 1940.

Leiche seines Bruders blieb nur kurze Zeit in dem provisorischen Grab. Vater Ernst von Weizsäcker notierte: „Zwei Wochen später wurde er in die Kapelle auf der Solitüde bei Stuttgart überführt, wo er getauft worden war. Dort oben am Waldrand auf dem kleinen und stillen Soldatenfriedhof sprach unser Sohn Carl Friedrich für Heinrich das Abschiedswort. Da liegt er nun, unter dem Holzkreuz aus der Tucheler Heide."

Nach dem Krieg war die Verständigung mit Polen, die deutsch-polnische Annäherung, eine wichtige Motivation für Richard von Weizsäcker, aktiv in die Politik zu gehen. „Das Gebot meiner Generation war eine schrittweise Heilung der Narben, die infolge der schrecklichen deutsch-polnischen Beziehungen entstanden, von den Teilungen Polens im 18. Jahrhundert, bis zum deutschen Überfall 1939, der Polen zum ersten Opfer des Zweiten Weltkriegs machte, und die grausame Besatzung, die die zwanzigjährige Souveränität durchbrach", sagte er 2007 in einem Zeitungsinterview.

Polen wurde in diesen ersten Kriegswochen aufgerieben, das Land hatte keine Chance. Mitte September griff die Rote Armee in den Krieg ein und überschritt die Grenze. Am 18. September trafen deutsche und sowjetische Truppen aufeinander, Ende des Monats kapitulierte die Hauptstadt.

Weizsäckers Einheit wurde an die luxemburgische Grenze im Saargebiet verlegt. Nach einem Lehrgang für Reserveoffiziersanwärter kehrte er zu seiner Einheit zurück, die im Herbst 1940 erneut in den Osten verlegt wurde. Der Krieg weitete sich stetig aus – die Sowjetunion griff Finnland an, deutsche Armeen rückten ohne Kriegserklärung gegen Dänemark und Norwegen vor, im sogenannten Blitzkrieg überrannten deutsche Divisionen die neutralen Staaten Niederlande, Belgien und Luxemburg, stießen gegen den französischen Verteidigungswall, die Maginotlinie, vor, marschierten im Juni 1940 in die französische Hauptstadt Paris ein. Zum gleichen Zeitpunkt wurden in Auschwitz die ersten politischen Häftlinge interniert. Bevor es zum Vernichtungslager wurde, hatte man hier Mitglieder des polnischen Widerstands festgesetzt.

Die Luftschlacht um England hatte begonnen und dem deutschen Kommando schnell gezeigt, dass ein rascher Sieg gegen britische Flugabwehr und Jägerstaffeln unmöglich sein würde. Der Kampf gegen das Empire, das nach der gescheiterten Appeasement-Politik Arthur Neville Chamberlains entschlossene Gegenwehr leistete, wurde zur ersten Niederlage Hitlers. Der deutsch-britische Luftkrieg forderte zahllose Tote. Im November 1940 legte die deutsche Luftwaffe – unter dem zynischen Angriffs-Code „Mondscheinsonate" – die mittelenglische Industriestadt Coventry in Schutt und Asche. 50 Jahre später besuchte Richard von Weizsäcker als Bundespräsident in zweiter Amtszeit Coventry und gedachte mit der Königinmutter der Opfer des Bombardements. In seiner Ansprache in der Kathedrale der Stadt sagte er: „Wir ... bitten diejenigen um Vergebung, denen im Zweiten Weltkrieg Unrecht angetan wurde. Vergeben ist menschlich, aber es ist eine sehr persönliche Angelegenheit. Es ist meine Überzeugung als Christ, dass die menschliche Vergebung nicht von der göttlichen Vergebung getrennt werden kann."

An der Ostfront begann am 22. Juni 1941 das „Unternehmen Barbarossa", die Wehrmacht griff ohne Kriegserklärung die Sowjetunion an. Mehr als drei Millionen deutsche Soldaten waren an dem Überfall beteiligt. Richard von Weizsäckers Einheit gehörte ebenfalls dazu, überschritt die Grenze und stieß rasch nach Osten vor. Fast die gesamte Zeit des Krieges gegen die Sowjetunion bis zum Ende blieb sein Regiment an der Ostfront eingesetzt – lediglich unterbrochen, um neue Soldaten in der Heimat oder in besetzten Gebieten zu rekrutieren. Die Rote Armee war auf den Angriff letztlich nicht vorbereitet, so dass die deutschen Einheiten in den ersten Tagen an sämtlichen Frontabschnitten rasch vorrücken konnten. Das Zentralkomitee der Partei erklärte die Abwehr des deutschen Angriffs zum „Großen Vaterländischen Krieg". Während der Kämpfe bei Mogilew am Dnjepr im Juli erlitt Richard von Weizsäcker einen glatten Durchschuss des linken Arms nahe des Ellenbogens. Er wurde in die Heimat gebracht, ins Hindenburg-Lazarett nach Berlin-Zehlendorf. Anschließend erhielt er Genesungsurlaub. Nach vier Wochen kehrte er zu seiner Einheit zurück. Die Front im Osten befand sich zu diesem Zeitpunkt nur rund 400 Kilometer südwestlich von Moskau. Die deutschen Truppen standen bald nur 35 Kilometer vom Zentrum der sowjetischen Metropole entfernt – „beinahe auf Sichtweite zur Hauptstadt", so Richard von Weizsäcker, ehe im Winter 1941/42 bei einer Gegenoffensive das Infanterieregiment 9 nahezu aufgerieben wurde.

Während seiner Abkommandierung im März 1942 zum Oberkommando des Heeres im „Lager Mauerwald" bei Lötzen in Ostpreußen, 20 Kilometer von Hitlers Hauptquartier „Wolfsschanze" entfernt, lernte er Claus Schenk Graf von Stauffenberg kennen. „Er war allerdings zehn Jahre älter als ich und mindestens zwei Dienstgrade höher und insofern mein Vorgesetzter", berichtete Richard von Weizsäcker. Allerdings war es nicht nur ein flüchtiger Kontakt. Stauffenberg „zeigte mir auf einer Karte den geplanten Vorstoß nach Stalingrad und den Kaukasus, und von Nordafrika nach Osten, so dass die beiden Armeegruppen sich irgendwann treffen sollten. Ich schaute ihn ungläubig an, ob er dies auch für einen Plan eines Wahnsinnigen hält". Darüber hinaus knüpfte der zum Leutnant beförderte Weizsäcker Kontakte zu Generalstabschef Franz Halder und zum Chef der Operationsabteilung, Adolf Heusinger, der spätere erste Generalinspekteur der Bundeswehr und Vorsitzender des NATO-Militärausschusses.

Richard von Weizsäcker, den Kameraden als besonnen und sehr gut organisiert beschrieben, kehrte im Oktober 1942 als Oberleutnant zu seiner Einheit zurück. Die war mittlerweile nach Dänemark verlegt worden, um neue Soldaten zu rekrutieren. Auf den Kriegsschauplätzen hatte sich das Blatt zu Gunsten der Alliierten gewendet. Nahezu an allen Frontabschnitten befanden sich ihre Armeen auf dem Vormarsch. Die endgültige Wende im Osten brachte der Kampf um Stalingrad. Hier wurde die sechste deutsche Armee eingekesselt, ihr Untergang war angesichts der Politik und Durchhalteparolen Hitlers nur eine Frage der Zeit. 1942 war aber auch das Jahr, in dem Vertreter des NS-Regimes auf der sogenannten Wannseekonferenz die „Endlösung der Judenfrage" beschlossen. Die bürokratisch geplante, systematische Ausrottung eines ganzen Volkes ist ohne Beispiel in der Geschichte. In Auschwitz, Treblinka und anderen Vernichtungslagern wurden Millionen Menschen, vor allem Juden, aber auch Sinti, Roma, Homosexuelle und andere den Machthabern missliebige Menschen ermordet.

„Ich weiß nicht, wann ich das Wort Auschwitz zum ersten Mal gehört habe, aber sicher nicht vor dem Frühjahr 1945", sagte Richard von Weizsäcker in verschiedenen Interviews. Dass es Erschießungen von Juden gegeben hatte, war ihm durch seinen guten Freund Axel von dem Bussche bekannt. Dieser war im Herbst 1942 Augenzeuge einer Mordaktion an Juden in der Ukraine gewesen. Von Kriegsverbrechen und Vernichtungsaktionen wussten viele Soldaten der Wehrmacht nichts – gesicherte Nachrichten gab es kaum, auch wenn einige Geschichten über Gräueltaten die Runde machten. „Es gab dumpfe Gerüchte, denen wir zu lange nicht konsequent genug nachgingen, das ist wahr. In der vorderen Linie aber haben wir Kriegsverbrechen unter wehrhaften Soldaten kaum erlebt", schrieb Richard von Weizsäcker in seinen Erinnerungen.

Kurz darauf, Anfang 1943, wurde er – zunächst stellvertretend – Regimentsadjutant. Mit diesem Amt, das ungewöhnlicherweise einem erst Zweiundzwanzigjährigen übertragen wurde, war viel Verantwortung verbunden. Die Leitung des Regimentsstabs, die Vertretung des Kommandeurs, Personalangelegenheiten sowie die Formulierung und Weitergabe von Befehlen gehörte zu seinen Pflichten. Richard von Weizsäcker übte sie mit Umsicht aus. „Er hatte ein besonnenes, kluges und abgewogenes Urteil, was sich später in extremen Situationen bewährte", erinnerte sich Bataillonskommandant Max von Arnim an ihn. Weizsäckers Einheit, die im dänischen Aarhus in Grenadierregiment 9 umbenannt worden war, musste erneut an die Ostfront. Ende Juni 1943 wurde sie in das Gebiet nahe Leningrad verlegt, das seit 1941 von deutschen Truppen eingeschlossen war und in dem die Menschen seither durch Kälte und Bomben starben oder verhungerten. Die Einheit kämpfte unter anderem südlich des Ladogasees und am Fluss Wolchow, wo sie sich heftiger sowjetischer Angriffe ausgesetzt sah und schwere Verluste hinnehmen musste. Zudem machten Eiseskälte, Schnee und Schlamm den Soldaten schwer zu schaffen. Das Potsdamer Regiment erlitt in dieser Zeit erneut starke Verluste und wurde fast vollständig aufgerieben. Richard von Weizsäcker erhielt eine Auszeichnung wegen Tapferkeit, scherte sich allerdings nicht viel darum.

1973 gehörte Richard von Weizsäcker der ersten Bundestagsdelegation an, die in die Sowjetunion reiste. Auch der Leningrader Piskarjowskoje-Friedhof gehörte zum Programm. Hier liegen 470 000 Opfer der deutschen Belagerung im Zweiten Weltkrieg – andere Quellen sprechen sogar von 650 000 Toten. In seiner Rede anlässlich eines Festbanketts bekannte er, „als junger Infanterist einer jener ‚Hunnen' gewesen [zu sein], die auf der anderen Seite gekämpft" hatten. Als Richard von Weizsäcker 1987 als Staatsoberhaupt Moskau besuchte, um den eingeschlafenen deutsch-sowjetischen Beziehungen wieder auf die Beine zu helfen, war es ihm ein Bedürfnis, den Leningrader Friedhof erneut zu besuchen. Der Bundespräsident legte, tief bewegt, einen Kranz nieder. In seiner späteren Tischrede mahnte er, sich der Vergangenheit zu stellen: „Die Erinnerung gibt uns die Kraft für eine Zukunft friedlicher und guter Nachbarschaft."

Am Widerstand gegen das nationalsozialistische Regime waren in Deutschland viele Gruppen beteiligt, ohne dass es zu gemeinsamen Aktionen gekommen wäre; Kommunisten und Sozialdemokraten zählten ebenso dazu wie bürgerliche und kirchliche Kreise. Auch im Militär hatte sich Widerstand gegen Hitlers Aggressionspolitik organisiert, unter anderem um Ludwig Beck, Chef des Generalstabs des Heeres. Mit dem Verlauf des Krieges war die Verbitterung der Soldaten über die mangelnde Führung und das menschenverachtende Regime gewachsen. Richard von Weizsäcker machte aus seiner Ablehnung kein Hehl: „Nach allem, was geschehen ist, werden Sie Ihren Kopf nicht weiter für dieses Schwein hinhalten wollen", sagte Richard von Weizsäcker vor Zeugen an der Front unter Anspielung auf Adolf Hitler zu einem Stabszahlmeister, dessen Vater in Berlin wegen „Wehrkraftzersetzung" hingerichtet worden war. „Ich habe erreicht, dass Sie zu einem Ersatztruppenteil in die Heimat versetzt werden." Eine weitere Episode trug sich im Rahmen eines feuchtfröhlichen Umtrunks zu; ein Kamerad zog die Pistole und schoss auf das an der Wand hängende Hitler-Bild. Richard von Weizsäcker zögerte nicht, zog ebenfalls die Waffe und schoss auf das Bild, so wie es nach ihm alle übrigen Anwesenden taten – der Vorfall konnte vertuscht werden.

Das Ziel der Widerständler war die politische und militärische Führung – allen voran Adolf Hitler, der bereits mehrere Attentate überlebt hatte. Die Anleitungen zu Verbrechen in den besetzten Gebieten, wie der Kommissarbefehl von 1941, nach dem kriegsgefangene Kommissare der Roten Armee zu exekutieren waren, hatten nichts mit den soldatischen Tugenden preußischer Tradition zu tun, denen sich das Potsdamer Regiment Richard von Weizsäckers verpflichtet sah: „Unter uns wurde diese Anordnung als Ungeheuerlichkeit und als Verbrechen gegen das Kriegsrecht empfunden. Auch hier weiß ich von keinem einzigen Fall seiner Anwendung im Bereich unseres Regiments", schrieb Richard von Weizsäcker später.

Richard von Weizsäcker hatte Kontakte zu den Männern, die sich zum Widerstand entschlossen hatten, und wusste von deren Vorhaben. Einer von ihnen war Fritz-Dietlof Graf von der Schulenburg, mit dem Richard von Weizsäcker viele Gespräche führte. Schulenburg, der schon 1932 der NSDAP beigetreten war und in Ostpreußen verschiedene Parteiämter innehatte, distanzierte sich nach dem sogenannten Röhm-Putsch und der Ermordung zahlreicher Gegner der NSDAP um Hitler von der Partei. Schulenburg beteiligte sich an einem Gesprächskreis über eine neue Reichsverfassung und war später dem Umfeld der Widerstandsgruppe „Kreisauer Kreis" zuzurechnen. Seit 1940 gehörte er zum Regiment „Graf Neun". Richard von Weizsäcker traf ihn letztmalig im Juni 1944 während eines Heimaturlaubs in Potsdam. Von Schulenburg informierte ihn, dass bald etwas – gemeint war ein Attentat – geschehen werde, teilte aber den Zeitpunkt nicht mit. „Und er wollte nur darauf aufmerksam machen, wenn es käme, dann könne eine Anforderung an mich kommen, ich solle mit den Truppenteilen, mit denen wir damals im Baltikum zusammen waren, zur Verfügung stehen. Ob ich dafür zur Verfügung stehe, fragte er mich. Ich habe gesagt, natürlich", berichtete Richard von Weizsäcker in einem Interview.

Auch Axel von dem Bussche war ein Freund und enger Vertrauter Richard von Weizsäckers. Nachdem er Massenerschießungen in der Ukraine beobachtet hatte, entschloss sich von dem Bussche, den Widerstand aktiv zu unterstützen. In Abstimmung mit Schulenburg und Stauffenberg erklärte er sich bereit, bei einer geplanten Uniformvorführung Hitler und sich selbst in die Luft zu sprengen. „Im Regimentsstab organisierte ich für Bussche die technisch schwierige, getarnte Verständigung mit Stauffenberg und die Reisepapiere nach Berlin", erinnerte sich Richard von Weizsäcker. Zum Anschlag kam es letztlich nicht, da die Monturen bei einem Luftangriff zerstört wurden. Kurz darauf wurde von dem Bussche an der Ostfront erneut schwer verwundet und fiel für weitere Aktionen aus.

Stauffenberg selbst führte am 20. Juli 1944 das Bombenattentat aus. Beim Anschlag im Hauptquartier „Wolfsschanze" wurde Hitler jedoch lediglich leicht verletzt. Attentat und Staatsstreich waren gescheitert. Das nationalsozialistische Regime schlug auf Befehl Hitlers mit aller Brutalität zurück. In „Säuberungsaktionen" wurden Stauffenberg sowie andere Widerständler und weitere Gegner des NS-Regimes verhaftet, viele von ihnen erschossen oder nach Schauprozessen hingerichtet.

Richard von Weizsäcker gehörte nicht zum aktiven Widerstand, gab aber Hilfestellungen, wo er konnte, wie zum Beispiel im Fall von Hermann Priebe, später Professor an der Johann-Wolfgang-Goethe-Universität in Frankfurt am Main. „Meine Begegnung mit Richard von Weizsäcker war kurz, aber lebensentscheidend", schrieb Priebe. Er war nach dem Attentat vom 20. Juli 1944 von der Gestapo verhaftet worden, anschließend zum Fronteinsatz geschickt worden, um „die ‚Schande' der persönlichen Verbindung mit den Verschwörern gegen Hitler wieder gutzumachen". Als die Gestapo

Priebe erneut nach Berlin beorderte, zerriss Richard von Weizsäcker die Anforderung. Priebe wurde verwundet, geriet in russische Gefangenschaft, aber er überlebte.

Vom gescheiterten Staatsstreich der Offiziere bis zur bedingungslosen Kapitulation sollten nur noch wenige Monate vergehen. Richard von Weizsäcker notierte: „Die neun Monate nach dem 20. Juli bis zum Kriegsende waren nur Agonie … Die Zahl der Opfer in den Vernichtungslagern und bei der kämpfenden Truppe, bei Luftangriffen und auf der Flucht war in den Monaten nach dem gescheiterten Attentat größer als in der ganzen Kriegszeit davor zusammengenommen. Wir haben es nicht geschafft."

Mit dem dramatischen Verlauf der sowjetischen Winteroffensive Anfang 1945 überschlugen sich die Ereignisse. Die Rote Armee durchbrach die deutschen Linien und überschritt die Reichsgrenze. Viele Menschen aus Ostpreußen, Pommern und anderen Gebieten begaben sich unter oftmals dramatischen Umständen auf die Flucht. Richard von Weizsäckers Regiment musste nach schweren Kämpfen und unter hohen Verlusten zurückweichen, konnte einer Umklammerung russischer Truppen bei Wartenburg noch trotzen, der Rückzug nach Pommern wurde jedoch von russischen Verbänden abgeschnitten. Über Ostpreußen gelangten die Reste des Regiments über das Frische Haff auf die Nehrung. Richard von Weizsäcker erlitt eine Verwundung am Oberschenkel, konnte aber noch laufen. Für sein tapferes Verhalten in den letzten Kriegstagen wurde er am 1. April 1945 für eine Nennung im „Ehrenblatt des Deutschen Heeres" vorgeschlagen. Dazu kam es jedoch nicht mehr – die Kapitulation kam dem zuvor. Richard von Weizsäcker wurde Anfang April über Danzig nach Kopenhagen ausgeschifft und konnte von dort nach Potsdam zurückkehren. Es gelang ihm, mit dem Zug über den Anhalter Bahnhof in Berlin bis zum Bodensee zu gelangen – sechs Tage benötigte er für die Reise. Am 20. April traf Richard von Weizsäcker bei seiner Großmutter ein, die oberhalb von Lindau in einem alten Bauernhaus wohnte. Hier erlebte er die deutsche Kapitulation am 8. Mai 1945. Sein Vater war als Diplomat noch im Vatikan, Bruder Carl Friedrich zusammen mit Otto Hahn, Werner Heisenberg und anderen deutschen Physikern in Großbritannien interniert. Schwester Adelheid war mit ihren beiden Kindern aus Ostpreußen an den Bodensee geflohen – ihr Mann war seit 1944 an der Front vermisst, kam nie zurück; etwas später fanden auch ihre Schwiegereltern hier Zuflucht; sie waren in einem Landauer von Ostpreußen bis in den Süden Deutschlands gefahren.

Die Familie litt unter dem Krieg und seinen unmittelbaren Folgen wie andere deutsche Familien auch. Einige Verwandte waren an der Front gefallen, einige hatten die Heimat verloren, sie alle waren durch eine furchtbare Zeit gegangen, die sie für das Leben geprägt hat. Richard von Weizsäcker hatte den Krieg überstanden, die Erfahrungen haben ihn ein Leben lang nicht losgelassen.

VIERTES KAPITEL

Konfrontation mit der Vergangenheit

„Ich gehöre zu der Generation junger Menschen, die den Krieg miterlebt haben und dann nach dem Krieg in erster Linie damit ausgefüllt waren, einen Maßstab für die Vergangenheit zu gewinnen – zunächst aber einfach am Wiederaufbau des Lebens mitzuwirken hatten. Ich war nach einer zweiten Verwundung bei Kriegsende im Prozess der Genesung und wenigstens nicht in Gefangenschaft geraten. Und dann ging es darum, einen Stein auf den andern zu stellen, in einem ebenso materiellen wie moralischen Sinn", erinnerte sich Richard von Weizsäcker an die unmittelbare Zeit nach dem Ende des Zweiten Weltkriegs.

Einen Stein auf den anderen zu stellen, das bedeutete für viele Deutsche, vor allem für die Frauen, Wiederaufbau, Kampf ums tägliche Überleben, zurückzufinden zu einem halbwegs geregelten Alltag. Für Richard von Weizsäcker, der nicht der Meldeanordnung der französischen Besatzungsmacht für Wehrmachtsangehörige gefolgt war, hieß dies zunächst Arbeit auf dem großmütterlichen Gut am Bodensee.

Ein Leben in ländlicher Idylle konnte sich Richard von Weizsäcker offensichtlich recht gut vorstellen. Landarzt, so äußerte er sich in einem Interview mit dem Bayerischen Rundfunk, hätte er auch werden wollen – oder Musiker. Die Liebe zur Musik blieb, aus dem Landarzt Weizsäcker wurde nichts.

Die Bilanz des Krieges war grauenvoll: Ein ganzer Kontinent lag am Boden. Millionen Menschen waren gefallen, in Lagern ermordet, hatten Haus und Hof verloren, waren auf der Flucht. Zahllose Familien waren auseinander gerissen worden, trauerten um den gefallenen Sohn, den vermissten Vater. Die alliierten Einheiten hatten die Konzentrations- und Vernichtungslager des NS-Regimes befreit. Das Ausmaß des Holocaust wurde langsam auch der Allgemeinheit deutlich. Es gab Millionen „Displaced Persons", zu denen unter anderem Häftlinge der Konzentrationslager, Kriegsgefangene und Zwangsarbeiter gehörten – verschleppte und geknechtete Menschen, die bei Kriegsende fern der Heimat waren und sie in vielen Fällen auch nie wieder sehen sollten oder wollten.

Die internationalen Konstellationen hatten sich mit dem Ende des Krieges in Europa entscheidend verschoben. Deutschland war als dominierender Staat ausgeschaltet, die Sowjetunion zur Weltmacht neben den Vereinigten Staaten aufgestiegen. Großbritannien, dessen Premier Winston Churchill mit entschlossener Politik Hitler die Stirn geboten hatte, gehörte zwar zu den Siegern, war aber wirtschaftlich schwer angeschlagen.

Auf internationalen Konferenzen hatten sich die Alliierten noch während der Krieg tobte darauf verständigt, ein besiegtes Deutschland zu demilitarisieren und die Bevölkerung zu entnazifizieren. Deutschland wurde in Besatzungszonen aufgeteilt. Allerdings zeigte das Bündnis der Siegermächte, das im Kampf gegen Hitler noch vereint gewesen war, bereits deutliche Risse. Der Gegensatz zwischen der Sowjetunion und den nichtkommunistischen Staaten, der im Zweiten Weltkrieg dem notwendigen Kampf gegen das Deutsche Reich untergeordnet worden war, trat wieder in den Vordergrund und nahm rasch an Schärfe zu. Der sowjetische Diktator Josef Stalin stellte im Frühjahr 1945 unmissverständlich klar: „Jeder führt sein eigenes gesellschaftliches System ein, soweit seine Armee vordringen kann. Es kann gar nicht anders sein."

Für viele Menschen bedeutete das Ende des blutigen Krieges nicht das Ende der Leiden. In den zerbombten Innenstädten gab es kaum Nahrungsmittel, die Überlebenden mussten sich mit provisorischen Unterkünften begnügen. Aber auch hoffnungsfrohe Nachrichten gehörten schon im Mai 1945 wieder zum Alltag der Menschen: „Berlin lebt auf!" und „Neues

Leben blüht aus den Ruinen" titelte die Berliner Zeitung. Parteien formierten sich wieder, Presse und Rundfunk starteten einen Neuanfang. Die Alliierten setzten Bürgermeister und Verwaltungen ein, um Strukturen für den Wiederaufbau zu schaffen.

Im Potsdamer Abkommen legten die Siegermächte Großbritannien, USA und Sowjetunion den weiteren Fahrplan für Deutschland und die alliierte Zusammenarbeit fest. Unter anderem einigten sich die „großen Drei" auf die Westverschiebung der polnischen Grenze bis an die Oder und die Neiße – vorbehaltlich einer friedensvertraglichen Regelung. Die Nachkriegsordnung war fest gefügt, die Allianz der Sieger jedoch ein Auslaufmodell. Zum letzten Mal kamen in Potsdam die Staats- oder Regierungschefs der Anti-Hitler-Koalition zu gemeinsamen Gesprächen zusammen.

Für Richard von Weizsäcker neigte sich die Zeit auf dem ländlichen Anwesen am Bodensee dem Ende zu – mit Gartenarbeit hat er sich nützlich gemacht, hatte das Mähen gelernt und war für das Grünfutter zuständig. Im Oktober 1945 erreichte den Fünfundzwanzigjährigen die Nachricht seines Freundes und Kriegskameraden Axel von dem Bussche; dieser hatte einen Boten geschickt, „um mich zum Studium nach Göttingen quasi einzuberufen. Bei der umworbenen Zulassungsstelle der Universität hatte Axel schon für mich Quartier gemacht", notierte Richard von Weizsäcker später. Die altehrwürdige Lehranstalt in Göttingen, die damals in der britischen Besatzungszone lag, nahm als erste deutsche Universität bereits zum Wintersemester 1945/46 den Lehrbetrieb wieder auf. Unter den rund 5 000 Studierenden waren viele Kriegsteilnehmer. Richard von Weizsäcker begann an der Georgia Augusta sein Jura-Studium.

Im gleichen Monat, in dem der Freiherr ins Studentenleben eintauchte, formulierte die evangelische Kirche ihre Stuttgarter Schulderklärung. „Wir klagen uns an, dass wir nicht mutiger bekannt, nicht treuer gebetet, nicht fröhlicher geglaubt und nicht brennender geliebt haben", lautete die zentrale Aussage, mit der sich die evangelischen Christen zu Mitverantwortung und Schuld während der Zeit der nationalsozialistischen Herrschaft bekannten. Pfarrer Martin Niemöller war maßgeblich an der Erklärung beteiligt, die der evangelischen Kirche den Weg in die Gemeinschaft der Kirchen der Welt ebnen sollte. Zu den Mitunterzeichnern gehörte Gustav Heinemann, Mitglied der Bekennenden Kirche im Nationalsozialismus und später dritter Bundespräsident der Bundesrepublik Deutschland. In der Öffentlichkeit löste die Schulderklärung heftige Kontroversen aus. Viele empfanden sie als Bestätigung der Kollektivschuldthese und lehnten sie daher ab. „Man warf den Kirchenvertretern vor, zu sehr die eigene und zu wenig die Schuld der anderen zu betonen. Doch nach und nach setzte sich die Erkenntnis durch, dass mit dem bis heute aktuellen Stuttgarter Schuldbekenntnis trotz aller Defizite ein Neubeginn ermöglicht wurde", erinnerte der damalige Ratsvorsitzende der Evangelischen Kirche in Deutschland, Bischof Wolfgang Huber, im Jahr 2005 an die Bedeutung der Erklärung unmittelbar nach dem Krieg.

Am Anfang seiner Studentenzeit wohnte Richard von Weizsäcker bei seinem Bruder Carl Friedrich, der nach seiner Internierung in England mit anderen Physikern nach Göttingen gekommen war. Die Stadt und die Universität waren unmittelbar nach dem Krieg so etwas wie ein Sammelbecken für zahlreiche hochrangige Wissenschaftler, unter ihnen Werner Heisenberg, Wolfgang Paul und Max von der Laue. Dass er bei seinem Bruder Unterschlupf fand, eröffnete Richard von Weizsäcker den Zugang zu vielen interessanten Gesprächspartnern aus Wissenschaft und Kultur – ein Privileg, das er genoss.

Göttingen war eine mit Flüchtlingen überfüllte Stadt, die Bedingungen für die Studenten nicht gerade komfortabel. Manche kamen noch in Wehrmachtskleidung in den Hörsaal, andere hatten die Soldatenkluft wenigstens schon umgefärbt. An Büchern, selbst an Bleistiften und Ordnern herrschte Mangel. Aber der Wissensdurst der Studenten ließ all diese

Unzulänglichkeiten in den Hintergrund treten. Ihre Fragen nach dem Sinn der unmittelbar hinter ihnen liegenden Kriegszeit, nach Werten und historischen Grundlagen sowie nach Lebensmodellen für die Zukunft trieb sie an. Der Kontakt zwischen den meisten Professoren und den Studierenden war eng und intensiv. „Und so wurde es eine aufregende und bewegende Zeit", erinnerte sich Richard von Weizsäcker. Interdisziplinäres Lernen war keine Ausnahme, berühmte und angesehene Gelehrte wie Max Planck, den Richard von Weizsäcker noch bei einem seiner letzten Vorträge erlebte, boten den Studierenden spannende Einsichten und Einblicke in ganz unterschiedliche Zweige der Wissenschaft – in Welten, die so weit weg waren von den Schlachtfeldern des Weltkriegs.

Vorlesungen in Theologie, Physik, Geschichte, Literatur und Philosophie vermittelten Richard von Weizsäcker neue und erhellende Kenntnisse. Er erwarb fleißig die notwendigen Scheine, besuchte Repetitorien und arbeitete sich durch Aktenberge. Ein weitgehend typisches Leben für einen angehenden Akademiker zu einer Zeit, die in vielerlei Hinsicht sehr besonders war. Kritisch beurteilte er so manches, was sich in den Seminarräumen seiner juristischen Fakultät zutrug, eine „ziemlich abstoßende Rechthaberei" sah er dort und beklagte die Zustände in dem von ihm gewählten Studienfach: „Gerade in der Rechtswissenschaft hätten sich doch die Selbstkritik im Blick auf die jüngste Vergangenheit und die Suche nach einem orientierenden Neuanfang deutlich und verständlich Gehör verschaffen sollen. Das war es, wonach wir durch den Krieg geprägten Studenten suchten; zu viele ließen uns dabei allein und in der Schwebe."

Zu seinem Glück gab es in Göttingen auch Staats- und Kirchenrechtler, die Zusammenhänge erläuterten, den Blick auf das große Ganze vermittelten, ethische Prinzipien zu ergründen suchten sowie grundlegenden Fragen von Recht und Gerechtigkeit nachgingen; die lehrten, wie man denken kann und nicht, was man denken soll.

Praktischen Rat und Hilfe in vielfältiger Form verdankte Richard von Weizsäcker in dieser Zeit auch der Unterstützung seines Onkels Viktor von Weizsäcker. Der Neurologe war einer der Begründer der psychosomatischen Medizin und vermittelte Richard viel Wissenswertes. Über Viktor von Weizsäcker, der in Heidelberg lebte, schrieb er: „Im engen geistigen Austausch mit dem Heidelberger Rechtsphilosophen und Weimarer Reichsjustizminister Gustav Radbruch hatte er eine ethische Denkweise entwickelt, die mir verständlicher war als die Lektionen der meisten juristischen Fachgelehrten. Diesem Onkel, der drei seiner vier Kinder verloren hatte und mich mit meinen Fragen wie einen eigenen Sohn aufnahm, verdanke ich viel von der Lebenshilfe, um die es uns damals neben der fachlichen Berufsausbildung ging." Auf seine Eltern konnte Richard von Weizsäcker sich zu dieser Zeit nicht stützen, da sie noch in Rom lebten.

Auch Richard von Weizsäcker musste nach dem Krieg „organisieren", vor allem das, was er für sein Studium benötigte – eine Erfahrung, die ihm bis in die Gegenwart lebendig blieb. Er ging nicht auf die Jagd nach Kartoffeln oder Gemüse, sondern wollte bei wissenschaftlichen Antiquariaten in Halle und Leipzig, beide Städte lagen in der damaligen Sowjetischen Besatzungszone, Literatur ergattern. Auf Schleichwegen machte er sich über die grüne Grenze in die Ostzone auf, wurde jedoch eines Tages von Wachposten in Gewahrsam genommen und gemeinsam mit anderen Grenzgängern eingesperrt. Mit einer jungen, offenkundig attraktiven Frau schmiedete er einen Fluchtplan. Sie sollte eine Schwangerschaft und Wehen vortäuschen und gemeinsam mit ihm, dem „Bräutigam", von den russischen Wachposten wieder in die Freiheit entlassen werden. Gesagt, getan – das Unterfangen gelang. „Das war meine erste Verlobung, die mich aber wieder in den Westen gebracht hat", erinnerte sich Richard von Weizsäcker schmunzelnd.

Er knüpfte an der Universität Freundschaften – so wie zu seiner Zeit als Soldat –, die vielfach ein Leben lang hielten. Zu seinem Freundeskreis, der sich noch aus seiner Militärzeit rekrutierte, gehörten Axel von dem Bussche, erster Asta-Vorsitzender nach dem Krieg in Göttingen, Klaus Ritter, später Politikberater, sowie die Brüder Peter und Konrad Kraske, letzterer Anfang der siebziger Jahre unter anderem Generalsekretär der CDU. Hartmut von Hentig, der später einer der führenden Pädagogen in Deutschland wurde, lernte Richard von Weizsäcker in Göttingen kennen. Sie alle studierten mit Fleiß und verbrachten die Freizeit gemeinsam. Entspannung und Vergnügen fanden sie bei langen Diskussionsabenden und den schmerzlich vermissten Theater- und Opernvorstellungen.

Ab November 1945 rückte Nürnberg in den Fokus der Weltöffentlichkeit. Hier fand der Prozess gegen die deutschen Kriegsverbrecher statt. Erstmals in der Geschichte mussten die Politiker eines Staates sich vor einem internationalen Gerichtshof für ihre Taten verantworten. Verbrechen gegen die Menschlichkeit, Vorbereitung und Führung eines Angriffskrieges sowie Kriegsverbrechen warfen die Alliierten den NS-Größen vor, unter ihnen Herrmann Göring, Rudolf Hess und Joachim von Ribbentrop.

Auch Richard von Weizsäckers Vater, der seit 1943 Botschafter beim Vatikan war und unter Ribbentrop gedient hatte, wurde als Zeuge einbestellt. In Nürnberg trafen sich Vater und Sohn nach langen Jahren zum ersten Mal wieder – ein bewegender Moment für beide. Mit Freunden hatte sich Richard von Weizsäcker auf den Weg zum Gerichtshof gemacht, um sich von der Verhandlung ein eigenes Bild zu verschaffen. Insgesamt stand er dem Verfahren aber durchaus skeptisch gegenüber. „Uns bedrückte eine Entwicklung, in der die Entnazifizierung eine Sache der Siegermächte zu bleiben drohte. Wir empfanden es als eine Aufgabe der Deutschen, über Verbrechen zu Gericht zu sitzen, deren Opfer Menschen vieler Nationen geworden waren, darunter nicht minder auch die eigenen Landsleute", schrieb er später. Dann hätte man sich in Deutschland vielleicht weitaus offensiver und wahrhaftiger der eigenen Vergangenheit zu stellen gehabt.

Vater Ernst von Weizsäcker kehrte nach seiner Zeugenaussage zunächst wieder nach Rom zurück. Dann, unter Zusicherung freien Geleits durch die französische Militärregierung, die für die Bodenseeregion zuständig war, siedelte sich der Spitzendiplomat mit seiner Ehefrau in Lindau am Bodensee an. Von hier wurde er erneut als Zeuge nach Nürnberg geladen, nach seiner Ankunft aber verhaftet und angeklagt. Die genauen Umstände schilderte Ernst von Weizsäcker in seinen Erinnerungen, die Richard von Weizsäcker später herausgab: Mitte Juli 1947 hatte der ehemalige Staatssekretär im Außenministerium erfahren, dass die Franzosen an einem Prozess gegen ihn kein Interesse hätten, die Amerikaner ihn jedoch haben wollten. Ernst von Weizsäcker erklärte sich bereit zu kommen, da er sich seiner Verantwortung nicht entziehen wollte. Über den Antritt seiner Haft berichtete er unter anderem: „Ich hatte erfahren, man dürfe im Gefängnis vier Bücher haben. Ich wählte ein englisches Lexikon, Platon, Laotse und das Neue Testament in der Übersetzung meines Großvaters. In der einsamen Zelle wurde es mir bald wohl."

Die schwere Lebensphase für den Vater wurde zur beispiellosen Lehrzeit für Richard von Weizsäcker. Er war nicht nur als ehemaliger Soldat und Jura-Student intensiv mit der Frage nach dem richtigen Umgang mit der Vergangenheit beschäftigt, sondern auch durch den Prozess gegen seinen Vater.

Anfang 1948 begann das Verfahren, das als „Wilhelmstraßen-Prozess" in die Justizgeschichte einging. In der geschichtsträchtigen Wilhelmstraße, die heute durch die Berliner Bezirke Mitte und Kreuzberg verläuft, war neben anderen Dienststellen des nationalsozialistischen Regimes das Auswärtige Amt angesiedelt. Das Verfahren wurde in der Presse auch als „Omnibus-Prozess" bezeichnet, da die Angeklagten mit ihren so unterschiedlichen früheren Aufgaben und Ansichten eine ausgesprochen heterogene Gruppe bildeten.

Richard von Weizsäcker unterbrach seine juristische Ausbildung in Göttingen und zog nach Nürnberg. Die amerikanische Justiz ließ ihn als Assistenten der Verteidigung zu. Der

*Richard mit seinem Vater Ernst von Weizsäcker beim Wilhelm-
straßen-Prozess 1948.*

junge Hilfsverteidiger war in dieser Zeit in ständigem Kontakt
mit seinem Vater, der den Sach- und Fachverstand, aber auch
den familiären Kontakt genoss: „Es ist ein Seelenbad, mit ihm
zu reden", wurde der frühere Spitzendiplomat zitiert. Ver-
teidiger seines Vaters war Hellmut Becker, ein Freund des
Bruders Carl Friedrich, der mit dem amerikanischen Anwalt
Warren E. Magee, Sigismund von Braun, Bruder des Raketen-
forschers Wernher von Braun, und Karl Arndt, Experte für
angelsächsisches Recht, ein Team bildete.

Richard von Weizsäcker arbeitete hart in dieser Zeit, bereitete Zeugenaussagen vor, schrieb Notizen, Briefe, klügelte
Strategien aus und analysierte den Prozessverlauf. Sein Vater
profitierte von der Arbeit seines Sohnes, dessen Einsatz ihm
nahezu unangemessen hoch schien. Er fand eine Stütze

„nicht zuletzt in unserem Sohn Richard, der, in Umkehrung der Hilfs- und Schutzpflicht zwischen Eltern und Kindern, alle seine Gaben und ein ganzes Lebensjahr dem alten Vater opferte. Ich hätte es nicht besser haben können".

Je mehr die Anklage Ernst von Weizsäcker angriff, desto mehr verstummte dieser. Er sah sich von dem „falschen" Gericht angeklagt. Dass ihm von vorneherein unterstellt wurde, er sei unglaubwürdig und ohne Ehre, kränkte ihn offenkundig, machte ihn im wahrsten Sinne des Wortes sprachlos – ein Phänomen, das der Verteidigung Probleme bereitete. Richard von Weizsäcker kannte seinen Vater schon aus früheren Tagen als einen schweigsamen Mann, wenn es um die eigene Person ging: „Sein Leben lang hatte es ihm nicht gelegen, über sich selbst zu sprechen. Es war ihm stets als aufdringlich erschienen, anderen Leuten von seinen eigenen Motiven und Taten zu erzählen."

Das Nachrichtenmagazin „Der Spiegel" spekulierte über das zu erwartende Strafmaß, das die Angeklagten zu erwarten hätten. „Bei einigen ist das durchaus noch offen, bei dem siebenundsechzigjährigen Ernst von Weizsäcker so sehr, dass die Wetten, die sportliche Gemüter abschlossen, zwischen 20 Jahren und Freispruch schwanken."

Die Rolle Ernst von Weizsäckers war natürlich ambivalent; er hatte dem NS-Regime als Spitzendiplomat gedient. Dass er darüber hinaus den Frieden wollte, ist wohl unstrittig, dass er sich für Außenstehende immer stärker in das System verstrickt zu haben schien, ebenso. Ernst von Weizsäcker, zuerst dem Vaterland verpflichtet, war während der nationalsozialistischen Herrschaft Mitunterzeichner eines Deportationsbefehls; er war allerdings auch ein Kritiker des Regimes und seiner Vertreter. Viele sagten vor Gericht für ihn aus – Diplomaten, Freunde, Politiker. Eivind Berggrav, dreiundsechzigjähriger Primas der norwegischen Kirche, sprach für ihn und hob hervor, dass Ernst von Weizsäcker ihn bei Friedensaktionen im März 1940 in Berlin unterstützt habe – und er bat den Vorsitzenden nach seiner Zeugenaussage, dem Angeklagten die Hand schütteln zu dürfen. Der britische Kriegspremier Winston Churchill hatte das Verfahren gegen von Weizsäcker im Unterhaus einen „tödlichen Irrtum" genannt.

In seinem Schlusswort nahm Ernst von Weizsäcker noch einmal Stellung: „Mein Ziel war der Friede. Der Friede für meine Heimat und für meine Mitwelt. Ich diente ihm zuerst mit Erfolg, danach erfolglos. Die Gefahr, von beiden Seiten missverstanden zu werden, ließ sich dabei nicht vermeiden."

Im April 1949 verkündeten die Richter das Urteil: Das Gericht verurteilte Ernst von Weizsäcker zu sieben Jahren Haft unter Anrechnung der Untersuchungshaft. Ein Richter plädierte in einer abweichenden Stellungnahme für Freispruch. Kurz darauf wurde das Strafmaß in eine fünfjährige Haft umgewandelt; im Herbst 1950 wurde Ernst von Weizsäcker vorzeitig entlassen. „Das Urteil war weder historisch noch moralisch menschlich gerecht", bewertete Richard von Weizsäcker den Schuldspruch später. Nach dem Ende des Prozesses nahm er sein Studium in Göttingen wieder auf. Im Sommer 1950 legte Richard von Weizsäcker sein Referendarexamen ab.

Im gleichen Jahr nahm er auch am ersten großen Kirchentag teil, der in Essen stattfand und tausende evangelische Christen in das Ruhrgebiet lockte. Richard von Weizsäcker erinnerte sich an das Treffen der Laien: „Es war erstmalig, ein wirklicher Austausch in Bezug auf die Lebensbahnen, auf denen sich die Besucher befanden." Zudem war es für ihn und viele andere Besucher aus Ost und West eine Plattform, die Begegnungen möglich machte. Christen aus den kurz zuvor gegründeten Staaten DDR und Bundesrepublik Deutschland hatten in Essen die Gelegenheit, ihre Erfahrungen auszutauschen. Richard von Weizsäcker erinnerte sich, dass es auch sehr rasch um politische Fragen ging. Darüber hinaus sei das Laientreffen ein Ausdruck der Zusammengehörigkeit der Menschen ohne Rücksicht auf die politischen Unterschiede und allmählich entstandenen klaren Trennlinien gewesen.

FÜNFTES KAPITEL

Erfolgreich in der Wirtschaft

Richard von Weizsäcker tat nach dem Studium zunächst das, was alle Studenten machen müssen – er bewarb sich. Seine Unterlagen landeten auch im Auswärtigen Amt, wurden aber – „von höchster Stelle" – abgelehnt. Staatssekretär Walter Hallstein soll derjenige gewesen sein, der den jungen von Weizsäcker nicht haben wollte. Der Familienname war angesichts der Verstrickungen des Vaters in das NS-Regime offenkundig eine Belastung. „Hatten wir die zuvor praktizierte Sippenhaft gemeinsam verdammt, so gab es nun vereinzelt solche Zeichen der Ängstlichkeit, die ich als schmählich und unsouverän empfand", erinnerte sich Richard von Weizsäcker an dieses unerfreuliche Erlebnis. Obwohl er dank seiner Erfahrungen im Nürnberger Prozess auch mit Geschichte und Politik konfrontiert war, führte ihn sein Weg noch nicht in die parlamentarische Arbeit des Bundestags: „Jugend war damals in der Politik nicht sehr gefragt", schrieb er rückblickend. Auch eine mögliche Karriere am Münchener Institut für Zeitgeschichte kam letztendlich nicht in Betracht. Stattdessen fasste er einen anderen Entschluss: Als erster in der Familie Weizsäcker wollte er seine berufliche Laufbahn in der Wirtschaft beginnen.

Günter Geißeler, Leiter der Rechts-, Personal- und Sozialabteilung von Mannesmann, war auf den Freiherrn aufmerksam geworden. Er wusste dessen juristische und organisatorische Fähigkeiten zu schätzen, kannte ihn zudem aus der Nürnberger Zeit. Der Jurist Geißeler gehörte bei den Kriegsverbrecherprozessen zu den Mitverteidigern von Alfried Krupp von Bohlen und Halbach. Obendrein verbanden Geißeler und Weizsäcker ähnliche Erlebnisse in Kriegszeiten. Beide waren Regimentsadjutanten gewesen, beide hatten die gesamte Kriegszeit gedient, beide hatten diese prägende Epoche als Hauptmann der Reserve beendet. Richard von Weizsäcker entschied sich für ein Engagement in der Wirtschaft – sein Vater hatte dies nach dem Ende des Ersten Weltkriegs im letzten Moment noch verworfen. Er ging zu Mannesmann – das traditionsreiche Montanunternehmen stand wie Thyssen und Krupp für eine prosperierende Wirtschaft und die wechselvolle Geschichte der Industrieregion an Rhein und Ruhr. Richard von Weizsäcker hatte es schon immer „als Mangel empfunden, dass in der ganzen Familie eigentlich niemand irgend etwas von der Wirtschaft verstand, obwohl sie in einem wachsenden Maß mitentscheidend für das politische Gesicht unseres Landes sein würde". Am 1. Oktober 1950 wurde Richard von Weizsäcker wissenschaftlicher Hilfsarbeiter in der Rechts- und Personalabteilung der Consolidation Bergbau AG mit Dienstsitz in Gelsenkirchen, mitten im Revier. Mannesmann hatte schon 1923 die Mehrheit der Anteile (Kuxen) an dem Bergwerk erworben.

Die Wirtschaft in der noch jungen Bundesrepublik erholte sich – Schrittmacher wurde das Ruhrgebiet. Es war schon bemerkenswert, dass bereits wenige Jahre nach dem Krieg und den Zerstörungen durch die Bombardements die Betriebe und Industrieunternehmen wieder auf gutem Kurs waren. Gerade der Bergbau an der Ruhr suchte Arbeitskräfte. Wirtschaftswunderzeit nannte man die fünfziger Jahre. Das ist ein wenig übertrieben, denn ein wirkliches Wunder war es ja nicht, dass der Motor der Ökonomie wieder angesprungen war. Der Marshallplan hatte ebenso Flankenschutz gegeben wie die Währungsreform und natürlich entfalteten auch die wirtschaftspolitischen Maßnahmen der Bundesregierung ihre Wirkung.

In der Politik hatten sich neue Fronten gebildet, die über Jahrzehnte die Welt prägen und das Leben vieler Menschen bestimmen sollten: Bundesrepublik und DDR hatten sich konstituiert, Deutschland und die Welt waren in Ost und West geteilt. Der Kalte Krieg hielt die Staaten in Atem und

sollte die kommenden Jahrzehnte prägen. In den Militär-
bündnissen NATO und Warschauer Pakt hatten sich die Gegner militärisch organisiert, an wirtschaftspolitischen Organi-
sationen, ebenfalls Ausdruck des Ost-West-Gegensatzes,
wurde noch gearbeitet. Schon unmittelbar nach dem Ende
des Weltkriegs, im Jahr 1946, hatte der britische Kriegspremier Winston Churchill den Begriff „Eiserner Vorhang"
geprägt, der sich über den europäischen Kontinent gesenkt
und die Staaten des Ostens unter die Kontrolle Moskaus
gezwungen habe. Die internationale Stimmung war frostig,
nicht nur auf dem geteilten europäischen Kontinent.

Aus der Sowjetischen Besatzungszone hatte sich unter dem
Dirigat der Kreml-Herrscher die DDR gebildet. Die Bundesrepublik Deutschland hatte ihrerseits unter energischer Führung des ersten Bundeskanzlers Konrad Adenauer damit begonnen, sich fest in den Westen zu integrieren – ein Kurs, der
nicht nur von den Sozialdemokraten kritisch beäugt wurde,
weil damit eine Lösung der deutschen Frage, die Teilung des
Landes in zwei Staaten, auf eine ferne Zukunft verschoben
schien.

Angesichts der Blockbildung nahm ein neues Europa Gestalt an – im Westen wie im Osten. Der 1951 unterzeichnete
Vertrag über die Schaffung einer Europäischen Gemeinschaft
für Kohle und Stahl (EGKS), kurz Montanunion genannt,
war viel mehr als eine rein wirtschaftspolitische Organisation.
Die Bundesrepublik gehörte sechs Jahre nach dem Ende des
Krieges zu ihren Mitgründern und war damit wieder Akteur
der internationalen Politik. Gemeinsam mit Frankreich sowie
Belgien, den Niederlanden, Luxemburg und Italien wurden
erstmals die kriegswichtigen Industrien einer europäischen
Behörde unterstellt. Der weitblickende französische Außenminister Robert Schuman hatte den Plan im Jahr zuvor verkündet, sein Planungskommissar Jean Monnet die Initiative
angestoßen. Damit waren Bergbau und Eisenhütten dem
nationalen Zugriff weitgehend entzogen. Mit Gründung der
ersten supranationalen Vereinigung war der Kern der späteren

Europäischen Gemeinschaft und unserer heutigen Europäischen Union gelegt. Besonders bedeutsam war die Gestaltung der deutsch-französischen Beziehungen als Kern der Union – aus den Gegnern der kriegerischen Auseinandersetzungen von 1870/71, 1914–18 und 1939–45 wurden Schritt für Schritt Staaten, die sich für den Frieden, für eine auf Vertrauen und Verständigung basierende Partnerschaft entschieden hatten.

In der Bundesrepublik entwickelte sich die Wirtschaft dynamisch. Neben den internationalen Hilfestellungen trugen ganz entscheidend die Leistungsbereitschaft der Menschen sowie modernisierte Industrieanlagen zum Aufschwung im Land bei. Für den jungen Juristen von Weizsäcker war Mannesmann ein höchst interessanter Arbeitgeber, denn nicht nur das Unternehmen war im Wandel, sondern die gesamte Montanindustrie. Diese als kriegswichtig eingestuften Unternehmensbereiche wurden mehr und mehr dem nationalen Zugriff entzogen und stattdessen auf europäischer Bühne organisiert. Das Traditionsunternehmen Mannesmann hatte sich im 20. Jahrhundert vom reinen Hersteller nahtloser Rohre zu einem weit verzweigten Montankonzern mit zehntausenden Arbeitsplätzen entwickelt. Nach dem Ende des Zweiten Weltkriegs wurde die Mannesmannröhen-Werke AG auf Anordnung der Alliierten liquidiert. In der Folge entstanden drei Unternehmen: die Mannesmann AG, Consolidation Bergbau AG und Stahlindustrie sowie die Maschinenbau AG. Schon wenige Jahre später wurde der von vielen als ökonomisch sinnvoll erachtete erneute Zusammenschluss der Unternehmen organisiert.

Richard von Weizsäckers Karriere in der Industrie begann bescheiden; 175 DM betrug das Einstiegsgehalt. Dies war nicht gerade üppig, der durchschnittliche Bruttostundenverdienst eines männlichen Arbeiters lag damals bei 1,30 DM. Für ein Kilogramm Butter mussten die Bundesbürger 5,50 DM bezahlen, ein Kilogramm Kaffee kostete stolze 28,80 DM. Parallel zu seinen Aufgaben bei Mannesmann absolvierte

Weizsäcker bei Gerichten in Gelsenkirchen, Essen und Hamm seine Referendarzeit.

Mit der etwas rustikalen Mentalität des Ruhrgebiets hatte der manchmal kühl wirkende Adlige offenkundig keine Probleme. Er schätzte die schnörkellose und herzliche Art der Menschen. Das Revier gehörte in dieser Zeit zu den Gebieten mit dem stärksten Bevölkerungszuwachs. Viele Flüchtlinge und Vertriebene waren in die zerstörten Städte, nach Duisburg, Essen, Bochum, Gelsenkirchen und Dortmund gekommen. Der Not in der unmittelbaren Nachkriegszeit folgte alsbald ein Aufschwung, der sich zunächst langsam bemerkbar machte und zudem die verschiedenen Bevölkerungsgruppen ganz unterschiedlich mitnahm. Flüchtlinge und Vertriebene hatten lange Jahre am stärksten unter Arbeitslosigkeit und sozialer Not zu leiden.

Richard von Weizsäcker wohnte zunächst als Untermieter bei der Witwe eines Bergmanns, „die mich mit der menschenfreundlichen und unaufgeregten Atmosphäre des Ruhrgebiets vertraut machte". Später bezog er ein Zimmer in der Wohnung des Ehepaars Gustav und Gustel Naujokat. Die Ehefrau sorgte sich hin und wieder um den arbeitsamen und zurückhaltenden Mann, der oft bis in die Abendstunden über den Büchern saß und sich nicht in den Vordergrund drängte. „Wenn Sie so bescheiden bleiben, werden Sie es nie zu etwas bringen", ermahnte sie Richard von Weizsäcker.

Allzu zurückhaltend, so wie es manchen schien, war der Freiherr aber längst nicht immer. Eine Unterprimanerin aus Essen-Bredeney, die er, so schreibt er in seinen Erinnerungen, bei einem Fest zu Ehren der heiligen Barbara, Schutzpatronin der Bergleute, kennenlernte, hatte sein Interesse erregt. Andere Quellen sagen, dass es bei einer Hubertusjagd in Essen zum ersten Treffen und später auch zum ersten Tanz gekommen sei. „Wir standen nach der Jagd um ein Lagerfeuer herum. Da trafen wir uns. Ich weiß bis heute nicht, wieso Richard mich entdeckte. Ich trug einen umgeänderten Mantel aus Loden, der schwer und weit an mir herunterhing. Meine

Marianne und Richard von Weizsäcker 1955 in Düsseldorf.

blonden Haare hatte ich unter eine Mütze gestopft", erinnerte sich Marianne von Kretschmann an den Beginn ihrer Beziehung. Sie stammte aus einer traditionsreichen Familie, väterlicherseits mit Wurzeln in Franken. Ein Vorfahr sanierte Anfang des 19. Jahrhunderts die Finanzen des Herzogtums Sachsen-Coburg-Saalfeld und erzog den Prinzen Leopold zu Sparsamkeit. Dieser wurde 1831 erster König der Belgier. „Seither genießt der Name Kretschmann ein gutes Ansehen in belgischen Geschichtsbüchern." Marianne von Kretschmann ist zudem mit der Pazifistin, Frauenrechtlerin und Sozialistin Lily Braun, geborene von Kretschmann, verwandt.

Die Liebe überstand auch den Umzug der von Kretschmanns nach Hamburg im Jahr 1951. Zwei Jahre später heirateten die beiden. Richard von Weizsäcker, dem es ein Graus ist, über eigene Gefühle und sehr Persönliches in aller Öffentlichkeit zu sprechen, schrieb dazu knapp und prägnant in seinen Erinnerungen: „Kurzum, wenig später gab mir Marianne ihr Jawort und wurde seither das Glück meines Lebens und unserer Familie."

Seine ersten Jahre bei Mannesmann im Ruhrgebiet sah der Freiherr auch als Lehrzeit in einem für ihn neuen und sich zudem rasant entwickelnden Arbeitsfeld an. Viele Bereiche der Wirtschafts-, Arbeits- und Sozialpolitik, die heute selbstverständlich erscheinen oder bereits wieder überholt sind, mussten nach dem Krieg erst mühsam entwickelt, diskutiert und in die reale Arbeitswelt überführt werden – Kärrnerarbeit, die für Juristen einzigartige Bedingungen schuf.

Zu den bahnbrechenden Neuerungen, mit denen sich auch Richard von Weizsäcker auseinandersetzten musste, zählte die Montanmitbestimmung, die 1951 in Gesetzesform gegossen wurde. Sie regelte die Mitbestimmung der Arbeitnehmer in der eisenverarbeitenden Industrie sowie im Kohlebergbau. 1952 beschloss der Deutsche Bundestag das Betriebsverfassungsgesetz. Es regelte grundlegend die Mitbestimmung von Arbeitnehmern. Richard von Weizsäcker war in seiner Position am Puls der Zeit, war unter anderem daran beteiligt, das

Frankfurter Institut für Sozialforschung unter Leitung von Max Horkheimer und Theodor Adorno mit einer Studie über die Arbeitnehmermitbestimmung zu beauftragen. „Während der Arbeiten am Projekt war es für mich ein köstliches Vergnügen, zu beobachten, mit wie viel neugieriger Hingabe diese großen sozialwissenschaftlichen Intellektuellen den Umgang mit meinen Chefs pflegten, also mit der ihnen von Hause aus wenig geheuren Welt der Wirtschaftskapitäne an Rhein und Ruhr." 1953 – kurz nach seiner Hochzeit – wechselte er in die Rechtsabteilung der Mannesmann AG nach Düsseldorf. Ab 1957 leitete er die neu formierte wirtschaftspolitische Abteilung des Unternehmens. Richard von Weizsäcker war auf dem besten Wege, eine steile Karriere in der Industrie zu machen.

Seit den fünfziger Jahre arbeitete Richard von Weizsäcker auch direkt für Wolfgang Pohle, Generalbevollmächtigter und Chefjustitiar der Mannesmann AG. Pohle hatte zu den Verteidigern von Friedrich Flick im Nürnberger Prozess gehört. Von 1953 bis 1957 saß er für die CDU im Deutschen Bundestag sowie im Europaparlament in Straßburg. Richard von Weizsäcker unterstützte ihn, entwarf Redetexte und erlebte hautnah, was Parteipolitik bedeutete. Wer sich in dieser Zeit für eine Partei politisch engagieren wollte, hatte sich noch mit vielen grundlegenden Fragen der staatlichen Ordnung und politischen Ausrichtung auseinanderzusetzen.

Die Einbindung der Bundesrepublik in den Westen schritt weiter voran, die Frage der deutschen Wiederbewaffnung spaltete die Öffentlichkeit. Im Rahmen einer Europäischen Verteidigungsgemeinschaft (EVG) sollten auch deutsche Soldaten wieder eingebunden werden können. Ein entsprechender Vertrag wurde 1952 unterschrieben; er sollte die europäische Integration vorantreiben sowie die Verankerung der Bundesrepublik im Westen festigen. Dieses hochinteressante Vorhaben, das auch – was vielfach übersehen wird – eine Europäische Politische Gemeinschaft vorsah, scheiterte 1954 in der französischen Nationalversammlung. Die militärische Integration der Bundesrepublik wurde letztendlich anders gelöst;

es folgte der Beitritt zur Westeuropäischen Union sowie, nach Erlangen der Teilsouveränität, die Mitgliedschaft in der NATO.

Eine Vielzahl von Parteien, die schon kurz nach dem Krieg in Deutschland wieder zugelassen waren, wollten den Menschen in der Bundesrepublik politische Heimat bieten. Die Sozialdemokraten konnten dabei bereits auf eine lange Tradition zurückblicken, andere Parteien formierten sich neu oder wurden neu gegründet. Auch für Richard von Weizsäcker stellte sich die Frage nach parteipolitischer Zugehörigkeit. Wie sollte Arbeit in Deutschland organisiert sein, welche Mitbestimmungs- oder Beteiligungsmodelle waren denkbar, welche sozial- und ordnungspolitischen Weichenstellungen notwendig? Welche Antworten boten Parteien, welche Anregungen gaben die Kirchen. „Damals übte zumal die katholische Soziallehre einen starken Einfluss aus, nicht als theologische Lehrmeisterei oder gesellschaftskritische Prophetie, wohl aber als Orientierungshilfe, als Probe auf die ethischen Werte einer sinnvoll verantworteten Freiheit. Aus ihrem Menschenbild leitete sie die Prinzipien der Solidarität, der Subsidiarität und des Gemeinwohls ab. Grundlegende Differenzen zum Protestantismus gab es hier kaum. Freilich habe ich es stets als wohltuend empfunden, dass die evangelische Seite der Verantwortung im jeweils konkreten Fall den Vorzug vor der generellen Gesinnung gibt." Die christlichen Soziallehren gaben wichtige Stichworte und anders als heute waren die Anregungen gerade der katholischen Soziallehre und der evangelischen Sozialethik für die Politik der unmittelbaren Nachkriegszeit von hoher Bedeutung.

1954 entschloss sich Richard von Weizsäcker zum Eintritt in die CDU, wenn er auch zunächst kaum am klassischen Parteileben Anteil nahm. Sein Bruder Carl Friedrich hatte schon früh gemutmaßt, dass Richard die Politik für sich entdecken werde; er werde – ganz wie der Vater – dem großen Ganzen dienen wollen und sich mit den grundlegenden Fragen des menschlichen Zusammenlebens befassen.

In Erinnerung an seine Arbeit im Ruhrgebiet: Richard von Weizsäcker inmitten einer Bergmannschors.

Die Partei von Konrad Adenauer und Ludwig Erhard war 1945 als christliche Partei mit überkonfessioneller Basis gegründet worden. Es ging den Gründern „vor allem darum, die übereinstimmenden schweren Erfahrungen von Katholiken und Protestanten aus der Zeit des Nationalsozialismus zu nutzen, um nicht wieder wie in alten Zeiten in die traditionellen Konflikte zwischen den Konfessionen zurückzufallen, sondern in Zukunft gemeinsam aufzutreten", schrieb Richard von Weizsäcker später. Seit ihrer Gründung hatte die CDU einen bemerkenswerten Kurs hinter sich. Im Ahlener Programm, verabschiedet vom sogenannten Zonenausschuss der CDU in der britischen Zone, war 1947 eine grundlegend neue Struktur der Wirtschaft gefordert worden jenseits der unumschränkten Herrschaft des privaten Kapitalismus. Mutig hieß es: „Das kapitalistische Wirtschaftssystem ist den staatlichen und sozialen Lebensinteressen des deutschen Volkes nicht gerecht geworden." Von der Vergesellschaftung ganzer Industriezweige war damals noch die Rede. Die programmatische Diskussion führte zu den Düsseldorfer Leitsätzen, in denen die Prinzipien der Wirtschafts- und Sozialpolitik ausgeführt wurden. Marktwirtschaft war das zentrale Stichwort, soziale Marktwirtschaft das Konzept von Wirtschaftsminister Ludwig Erhard.

Vor allem das „U" für Union hat Richard von Weizsäcker von der CDU überzeugt, die als Ziel hatte, die unterschiedlichen gesellschaftlichen und politischen Kräfte Deutschlands zu sammeln und zu bündeln. Kritisch stand von Weizsäcker dem „C" für „Christlich" im Parteinamen gegenüber. „Wer darf aus christlichem Glauben ein bestimmtes Parteiprogramm ableiten? Wer könnte das überhaupt? Christus selbst verkündet kein politisches Programm. Er sagt nicht: Das ist die Wahrheit. Vielmehr sagt er: Ich bin die Wahrheit. Er bekennt sich zu keinem abstrakten Gesetz, sondern zu einem konkreten Verhalten, zu handelnder Liebe ... Als Anspruch an uns selbst darf das ‚C' nie verstummen. Aber damit politisch werben? Es zur Unterscheidung gegen demokratische Konkurrenten ins Feld führen, wo es doch Gläubige und Ungläubige in allen Gruppierungen gibt? Und wo Gläubige nicht automatisch die humanen und demokratischen Vorbilder sind?", hinterfragte er kritisch.

Richard von Weizsäcker gehörte schon in dieser Zeit zu einer ganz besonderen Kategorie von Parteipolitikern. Kleingeistiges Gezänk, das Ringen um die Macht und der parteitypische Streit um Posten und Pöstchen lagen ihm seit jeher fern. Er war ein unabhängiger Geist, fügte sich in keine der Schablonen, denen sich viele Politiker so gerne anpassten – heute vielleicht noch eher als in den fünfziger Jahren. Richard von Weizsäcker war schon immer dem Grundsätzlichen verhaftet, orientiert an christlichen Werten, immer interessiert an der Ausgestaltung konkreter Lebensumstände. Manchen CDU-Politikern war er zu liberal und zu offen über die Parteigrenzen hinaus. Immer wieder wurde ihm schon damals nachgesagt, über dem Alltag der Partei zu schweben.

Richard von Weizsäcker bewahrte sich seine unabhängige Position und blieb den Parteien mit ihrer stetig wachsenden Machtfülle immer ein wenig kritisch verbunden. „Die Schlüsselrolle fällt den Parteien zu. Das Grundgesetz behandelt sie in seinem Artikel 21 mit souveräner Zurückhaltung. Das hat wenig bewirkt. Es hat die überragende Bedeutung der Parteien damit nicht zu bremsen vermocht", beschrieb er im Amt des Bundespräsidenten die Stellung der Parteien. Später teilte er – klug und bestimmt – weitaus kräftiger aus. Ob seine Parteienschelte tatsächlich auf fruchtbaren Boden gefallen ist, bleibt allerdings zweifelhaft. Bis in die Gegenwart verlieren sich viele Politiker in parteitaktischen Disputen, stellen die Macht über die dem Gemeinwohl verpflichtete Suche nach den besten Lösungen. Die Maßstäbe, die Richard von Weizsäcker stets angeboten hat, haben es in der Praxis des politischen Alltags nicht ganz leicht.

Man könnte sagen, dass Richard von Weizsäcker in den fünfziger Jahren ein ziemlich perfekter Start ins Berufsleben gelungen war. Bestens ausgebildet und vernetzt startete er durch. Politisch hatte er sich der CDU zugewandt, ohne sich in den ersten Jahren profilieren zu wollen. Und auch sein Privatleben entwickelte sich, die Familie wuchs. Ein Jahr nach der Hochzeit wurde Sohn Robert geboren.

In der Rheinmetropole gestaltete er seine weitere berufliche Karriere. 1955 gelang ihm mit „cum laude" die Promotion mit einer Doktorarbeit zum Thema „Der faktische Verein"; im gleichen Jahr erhielt er bei Mannesmann Prokura, also die Vollmacht, alle notwendigen Arten von Geschäften und Rechtshandlungen vorzunehmen. 1956, die von Weizsäckers wohnten jetzt in Wittlaer, heute ein nördlicher Stadtteil Düsseldorfs an der Grenze zu Duisburg, wurde der zweite Sohn Andreas geboren. 1958 kam Tochter Marianne Beatrice auf die Welt. Mit der Geburt des Sohnes Fritz Eckhart im Jahr 1960 war die Familie komplett.

So wunderbar sich in den fünfziger Jahren die Wirtschaft und auch für viele die eigene Karriere entwickelte, so deutlich traten im Verlauf dieser Dekade Konflikte auf, die gesellschaftspolitischen Sprengstoff enthielten. Dazu gehörten die Aufrüstung sowie Überlegungen, die Bundeswehr auch mit Atomwaffen ausrüsten zu wollen. Dagegen wendeten sich führende deutsche Atomphysiker, unter ihnen der Bruder Richard von Weizsäckers. Carl Friedrich von Weizsäcker gehörte zu den Mitunterzeichnern der Göttinger Erklärung aus dem Jahr 1957, die eine breite Diskussion anregte.

In dem Manifest äußerten 18 Wissenschaftler ihre Sorge über die Atompläne. Sie plädierten dafür, dass die Bundesrepublik ausdrücklich und freiwillig auf den Besitz von Atomwaffen jeder Art verzichten sollte. So könne sich das Land am besten schützen und den Weltfrieden am ehesten fördern. Richard von Weizsäcker war sich stets sicher, dass die Göttinger Erklärung ihre Wirkung bis in die Gegenwart behalten habe.

Auf eigenen Wunsch schied von Weizsäcker 1958 bei Mannesmann aus. Er tat dies, obwohl ihm in dem florierenden Unternehmen alle nur erdenklichen Aufstiegsmöglichkeiten offen standen, um als persönlich haftender Gesellschafter das Privatbankhaus Waldthausen in Essen und Düsseldorf zu übernehmen. Er ließ sich damit in eine familiäre Pflicht nehmen, denn es bestanden über seine Frau verwandtschaftliche Bande zu der Familie von Waldthausen, die nach dem Tod des Bankiers Fritz von Waldthausen unbedingt ein Familienmitglied an der Spitze des Bankhauses sehen wollte.

Nach wirtschaftlich erfolgreichen Jahren wechselte Richard von Weizsäcker 1963 zum Chemie- und Pharmaunternehmen Boehringer nach Ingelheim. Die Familien Boehringer und von Weizsäcker kannten sich seit Jahren. Richard von Weizsäcker gehörte der Geschäftsführung an und war ein enger Vertrauter Ernst Boehringers. Nach dessen Tod im Jahr 1966 verließ er das Unternehmen; als Kirchentagspräsident und durch seine Arbeiten zur Ostpolitik hatte er die Fühler in andere Richtungen ausgestreckt. Auch Helmut Kohl, einer der CDU-Politiker in Rheinland-Pfalz, die etwas bewegen und ihren Landesverband auch bundespolitisch profilieren wollten, war auf ihn aufmerksam geworden.

SECHSTES KAPITEL

Kirche, Laien und Gesellschaft

Wer einen lebhaften und diskussionsfreudigen Richard von Weizsäcker auf einem Kirchentag erlebt hat, der wird ermessen können, was die Veranstaltung der Gläubigen für ihn bedeutet hat und immer noch ausmacht: Impulse erhalten, um der Sache willen streiten, eigene Standpunkte überprüfen, anregende Gespräche führen, geistiger Austausch über Generationen hinweg, erhellende Bibelarbeit, Treffen von Menschen, die ihren Glauben mit Leben erfüllen wollen – all dies fand und findet seinen Höhepunkt immer wieder auf den Kirchentagen. Nicht nur der manchmal intellektuell-kühl wirkende Richard von Weizsäcker erwärmt sich für diese Veranstaltung der protestantischen Laien. Mehrere zehntausend Teilnehmer verzeichneten die Organisatoren der Kirchentage regelmäßig, einige Veranstaltungen und Feiern werden gar von hunderttausenden besucht.

Über seine tiefsten inneren Gefühle, seinen eigenen Glauben und darüber, ob er je an Gott gezweifelt hat, bewahrte Richard von Weizsäcker konsequent Stillschweigen. Glaubensgrundsätze legte er stets in einer Weise dar, dass sie sogleich wieder das Grundlegende berühren und als Programm oder Handlungsanweisung gelten können. Er betont bis in die Gegenwart, wie sehr ihn der Kirchentag geprägt habe. Wer auf Spurensuche gehen und ermessen will, was Richard von Weizsäcker bewegt hat, wo er Kraft geschöpft und Zuversicht oder Trost gefunden hat, der entdeckt viel Erhellendes auf Kirchentagen und in seinem christlichen Engagement für die Laientreffen. Eine große Gabe Richard von Weizsäckers wurde schon früh deutlich – er kann, gerade auch jenseits des politischen Parketts, mit Menschen umgehen, egal ob Alt oder Jung. Er kann zuhören und zeigt Interesse an Gesprächspartnern und ihren Themen. Kara Huber, Lehrerin und Ehefrau von Bischof Wolfgang Huber, die Richard von Weizsäcker gut kennt und auf vielen Kirchentagen erlebt hat, schätzt an ihm seine Offenheit und seine Aufgeschlossenheit. Und sie sagt: „Durch geschliffenes Argumentieren wirbt er für gegenseitiges Verstehen." Ungeduldig wird Richard von Weizsäcker, wenn es mehr um den Schein als um die Sache geht. Kritik erntet er, weil er manchen zu unverbindlich ist, zu wenig der einen oder anderen Seite zugewandt, zu sehr über den Dingen stehend. Aber viele Themen des Lebens erfordern eine differenzierte Betrachtung. Und Richard von Weizsäcker ist stets ein vorbildlicher Interpret der Fragen und Probleme, die das Leben mit sich bringt.

Die im Jahr 2009 zur EKD-Ratsvorsitzenden gewählte Margot Käßmann nutzte ihre Laudatio in der Emdener Johannes a Lasco Bibliothek anlässlich der Verleihung der Martin-Luther-Medaille an Richard von Weizsäcker, um auf seine kultur- und generationenübergreifende Überzeugungskraft sowie seine positive Ausstrahlung hinzuweisen. „Dass jemand mit so vielen weißen Haaren so cool sein kann ... wenn so einer sagt, dass wir uns als Christen in die Politik einmischen sollen, dann mache ich das auch", zitierte Bischöfin Käßmann eine „junge Frau mit Nasenring und frechen Locken", die als Kirchentagsbesucherin begeistert auf Richard von Weizsäcker reagierte.

Richard von Weizsäcker selbst stufte die Laienarbeit für den Evangelischen Kirchentag sowie seine Funktionen unter anderem als Präsident des Kirchentags von 1964 bis 1970 und von 1979 bis 1981 als großen Gewinn und ganz wichtige Erfahrungen ein, die ihn – gerade auch für die noch vor ihm liegenden Aufgaben – stärker gemacht haben. Er schätzte an den Treffen in besonderem Maße, dass man sich „ohne Bindung an einzelne Landeskirchen und konfessionelle Schwerpunkte" aktiv beteiligen und den Erfahrungsaustausch pflegen konnte. In einem Interview sagte er: „Das Wichtigste war für mich die Mitarbeit an der Sammlung von Christen über die Gemeindegrenzen hinweg, denn es gab ja immer wieder

Menschen, die sich eher schwer damit taten, im Rahmen ihrer Gemeinde mitzuwirken, die aber in einem Treffen mit anderen gerne bereit waren, sich in ihrer christlichen Verantwortung stärken zu lassen, um sie im privaten, beruflichen und öffentlichen Leben gemeinsam zu bezeugen."

Kirchentag – das ist keine Erfindung des 20. Jahrhunderts. Diese Veranstaltung ohne amtskirchlichen Auftrag, die evangelische Christen zusammenbringt, hat ihren Ursprung in den Wirren und politischen wie sozialen Fragestellungen, die sich nach der gescheiterten Revolution von 1848 ergaben. Fragen, wie zur Zeit der Industrialisierung der wachsenden sozialen Not vieler Menschen in Deutschland begegnet werden könne, stand bei der „Versammlung evangelischer Männer" 1848 in Wittenberg zur Diskussion. Darüber hinaus sollte ein Bund der Evangelischen ins Leben gerufen werden. Ein Lexikon des 19. Jahrhunderts vermerkt, dass der Kirchentag begründet wurde, um „der drohenden Auflösung des kirchlichen Wesens zu begegnen und dem Ultramontanismus sowie dem Liberalismus gegenüber eine Vertretung der evangelischen Christenheit in Deutschland zu bilden". Der erste Kirchentag sowie nachfolgende Treffen und die zweite Kirchentagsbewegung nach dem Ende des Ersten Weltkriegs, bei der es mehr um die Kirche als Institution ging, hatten mit dem heutigen Evangelischen Kirchentag nicht viel gemein. Als Reinold von Thadden-Trieglaff mit Gleichgesinnten den Kirchentag heutiger Prägung im Jahr 1949 aus der Taufe hob, hatte er das Engagement der Laien und die Einmischung der Christen in gesellschaftliche Angelegenheiten im Blick. „Der Laie darf da, wo es sich um seine besondere Aufgabe handelt, nicht nur Objekt sein, sondern er muss Subjekt werden und sein eigenes Anliegen selbständig vertreten. Alle großen Fragen und Nöte, die unserer Generation heute zu tragen auferlegt sind, gehen uns als evangelische Christen etwas an, und es ist Schuld vor Gott, wenn wir nicht mit Hand anlegen, dieser Probleme im Geiste des Evangeliums Herr zu werden", schrieb er. Die Deutsche Evangelische Woche, zu der Landesbischof Hanns Lilje

1949 deutschlandweit nach Hannover einlud, gilt der heutigen Laienbewegung als der erste Kirchentag. „Kirche in Bewegung" hieß das Motto in Hannover. In der Leine-Stadt hatte bereits 1935 eine Evangelische Woche stattgefunden. Protestanten, die sich in Opposition zur gleichgeschalteten Kirche im nationalsozialistischen Deutschland stellten, diskutierten über das Verhältnis von Kirche und Staat, trafen sich zu Bibelarbeiten über alttestamentliche Texte.

Thadden-Trieglaff, Präses der pommerschen Bekenntnissynode, Mitglied der Bekennenden Kirche während der Zeit des nationalsozialistischen Regimes und einer der Unterzeichner der Barmer Erklärung, war erster Präsident des Deutschen Evangelischen Kirchentags. Er sollte es bis 1963 bleiben. Über die Ziele und die Verantwortung der Laien ließ er keinen Zweifel aufkommen: „Die Glieder der Kirche selber in allen Berufsständen tragen vor Gott und Menschen die Verantwortung, was in der Zukunft geistig und geistlich aus unserem Volke werden soll, wenn die Entchristlichung weiter Kreise in dem Tempo fortschreitet, das wir in dem letzten Jahrzehnt erlebt haben. Nur der ganze Einsatz auch der Laien der Kirche und die Entfaltung außerordentlicher Bemühungen ist hier dem Ernst der Situation entsprechend."

In den Zeiten der Gründung war allerdings längst noch nicht klar, ob sich der Kirchentag durchsetzen könne. Der „Spiegel" schrieb 1950: „In der Grundordnung der Evangelischen Kirche in Deutschland freilich steht nichts von ihm. Für die ‚Pastorenkirche' ist er fast so etwas wie ein ungesetzlicher Laienaufstand. Die geistliche Hierarchie, die auf Verfassungen begründete Kirche, muss sich erst an ihn gewöhnen. Sie sollten es sich überlegen, ob sie den Kirchentag wirklich im nächsten Jahr wiederholen wollen, mahnte Bischof Dibelius." Heute ist die Frage beantwortet, ob der Kirchentag eine Dauereinrichtung werden würde oder nicht.

Für Richard von Weizsäcker und andere Gläubige, die viel dafür getan haben, dass die Kirchentage ihren festen Platz im evangelischen Kalender haben, waren die Veranstaltungen jenseits der Amtskirche gerade nach dem Krieg wichtige Anlaufstellen. Hier konnte man sich austauschen, die oft so bitteren Erfahrungen der Kriegs- und Nachkriegszeit teilen, über alte und neue Wege diskutieren und Modelle für die zukünftige Gestaltung von Gesellschaft und auch des eigenen Lebens suchen. Die Suche nach dem Maßstab für die Vergangenheit „habe ich als einen Bestandteil der Aufgabe unserer Generation und auch für mich persönlich empfunden", berichtete Richard von Weizsäcker und weiter: „man gehörte zu einer Gemeinde, suchte aber im Zuge der Aufgaben, vor denen man stand, Kontakt auch zu anderen Gemeinden." Die evangelischen Laientreffen wurden zu herausragenden Ereignissen: „Kirchentag war ein Zusammensein, das dem außerordentlich entgegenkam, was wir als junge Leute suchten und was wir als Austausch betrieben. Es ging nicht sehr kirchlich institutionell, sondern relativ ungeregelt vor sich. Der erste Kirchentag, den ich erlebt habe, war 1950 in Essen." Das Motto lautete damals „Rettet den Menschen".

Der Kirchentag in Essen stand nicht zuletzt unter dem Eindruck des kurz zuvor ausgebrochenen Koreakriegs und einer Verschärfung des Kalten Krieges. Der Rat der Evangelischen Kirche nutzte – einmalig in der Geschichte – die Hauptversammlung des Kirchentags zu einer politischen Erklärung und warnte vor einer Aufrüstung der beiden deutschen Staaten. „Einer Remilitarisierung Deutschlands können wir das Wort nicht reden, weder was den Westen noch was den Osten anbelangt ... Deutsche Brüder und Schwestern: Redet Gutes voneinander, auch über den Eisernen Vorhang hinweg! Vertraut einander und haltet Gemeinschaft miteinander! Dass Deutsche jemals auf Deutsche schießen, muss undenkbar bleiben!" In seiner Ansprache sagte der EKD-Ratsvorsitzende Otto Dibelius auch mit Blick auf den sogenannten Lastenausgleich, der seit Juni im Entwurf vorlag: „Man sagt oft, man könne einen Staat nicht mit Bibelsprüchen regieren. Aber eine Christenheit mit Sprüchen der Bibel im Herzen kann einem rechtschaffenen Staatsregiment auch die schwerste Aufgabe leicht und die unpopulärste Maßnahme, wenn sie notwendig ist, fruchtbar machen."

Die ersten Kirchentage fanden noch jährlich statt, erst Mitte der fünfziger Jahre wurde ein Zweijahres-Rhythmus eingeführt. Richard von Weizsäcker sah die Laientreffen auch als gesellschaftliche Willensbekundungen, die neben Staat und Amtskirchen den Gläubigen eine ganz eigene Artikulations- und Demonstrationsmöglichkeit eröffneten. Zudem waren sie lange Jahre eine gesamtdeutsche Plattform. „Kirchentage hatten auch sehr rasch eine große Bedeutung nicht zuletzt für den Zusammenhalt von Ost und West. 1954 fand das Treffen in Leipzig mit einer Riesenbeteiligung statt. Von daher habe ich auf das Lebhafteste in Erinnerung, wie gerade auf dem Weg über diese Kirchentage zugleich auch der Zusammenhalt zwischen Ost und West, zwischen den Bürgern, nachweisbar fühlbar und als existent erlebt wurde." Gerade Leipzig mit dem Motto „Seid fröhlich in Hoffnung", ein biblisches Wort aus dem Brief des Apostels Paulus an die Römer, war eine machtvolle Demonstration der evangelischen Laien: 650 000 Menschen sollen allein zur Abschlusskundgebung gekommen sein. Damit war es der größte Kirchentag, der bislang stattgefunden hat.

Die Organisatoren hatten es in Leipzig nicht leicht. Erst wenige Monate vor der Eröffnung hatte Ost-Berlin den Veranstaltern grünes Licht für den Kirchentag gegeben. Die politischen Fronten hatten sich verhärtet. 1954 drifteten Bundesrepublik und DDR weiter auseinander. Deutsch-deutsche Veranstaltungen waren selten geworden. Der Gewinn der Fußballweltmeisterschaft wurde für die Bundesrepublik zu einem identitätsstiftenden Ereignis. Moskau hatte bekannt gegeben, dass sie die DDR als souveränen Staat anerkenne. In besonderem Maße war der Kirchentag in Leipzig in diesen schwierigen Zeiten eine Brücke zwischen den Menschen der Bundesrepublik und der DDR. Im Jahr zuvor, 1953, hatten sowjetische Panzer den Arbeiteraufstand niedergewalzt, waren auch junge Christen zu Opfern der Repressalien geworden. Dass es nun zum evangelischen Fest im Leipziger Messepavillon kommen konnte, war für die Gläubigen ein ungemein bewegendes Erlebnis.

Das Laientreffen in Leipzig war in vielerlei Hinsicht etwas Besonderes. Es war der einzige gesamtdeutsche Kirchentag, der in der DDR stattfand. „Der Kirchentag ging hier frühzeitig einen Weg voran, der bis in die allerletzte Phase des SED-Regimes immer stärker zum Vorschein kam: Menschen versammelten sich unter einem schützenden kirchlichen Dach, nicht primär um am christlichen Gemeindeleben im Alltag teilzunehmen, sondern um Freiheit empfinden und für sie eintreten zu können", schrieb Richard von Weizsäcker später.

Kirchentag war persönliches Erleben und Empfinden – heilsam für die Seele, immer ein Fest des Glaubens, aber ebenso ein Treffen, das die gesellschaftliche Verantwortung eines Christen zur Diskussion stellte. Allerdings dauerte es manchmal ebenso lange wie in der Gesamtgesellschaft, sich heikler, aber notwendiger Themen anzunehmen. Kein Kirchentag vor 1961 hatte den nationalsozialistischen Unrechtsstaat zum Thema – erstaunlich. Der jüdisch-christliche Dialog kam erst zu Beginn der sechziger Jahre richtig in Gang. Richard von Weizsäcker erinnerte sich an seine Anfänge und die ersten tastenden Schritte auf dem schwierigen Weg, sich auch der nationalsozialistischen Vergangenheit zu stellen: „Wir hatten eine besonders wichtige Arbeitsgruppe auf den Kirchentagen, die hieß ‚Juden und Christen'. Der Düsseldorfer Rabbiner Robert Raphael Geiss hielt Vorträge mit seinen Bibelinterpretationen, denen wir aufs sorgfältigste lauschten; diese Arbeitsgemeinschaft spielte schon sehr früh eine ganz zentrale Rolle. Natürlich war das nicht nur eine direkte Interpretation des Alten und Neuen Testaments, sondern hatte mit der Vergangenheit und der Nazi-Zeit elementar zu tun."

Darüber hinaus kam der Ökumene eine wichtige Rolle zu. Die Meinungen von Menschen aus anderen Ländern und Kirchen, von denen ebenfalls viele ganz unmittelbare Erfahrungen mit dem Zweiten Weltkrieg gemacht hatten, waren den jungen Kirchentagsbesuchern wichtig. Der Erfahrungsaustausch auf dieser Ebene wurde immer bedeutsamer. Das betonte auch Richard von Weizsäcker in einem Gespräch: „Ebenso war mir der ökumenische Charakter des Kirchentages wichtig, der Wunsch, über verschiedene Bekenntnisse, spezielle Orientierungen und Kirchengrenzen hinaus sich als Christen zusammenzufinden." Hinzu kam bei Richard von Weizsäcker ein ganz spezielles Interesse: „Bei mir hat die Empfindung eine große Rolle gespielt, dass wir uns vor allem auch mit unseren ehemaligen Kriegsgegnern im Osten verständigen müssen und das hieß in erster Linie mit den Polen."

Sein Eintritt in eine politische Partei war für Richard von Weizsäcker ein logischer Schluss gewesen, da politische Parteien für eine repräsentative Demokratie elementar wichtig waren und sind. Sein zunehmendes Engagement für den Deutschen Evangelischen Kirchentag war hingegen eine Herzensangelegenheit. Wie hoch die Bedeutung der Laienarbeit sowie seine spätere Tätigkeit in verschiedenen Ämtern und Gremien war, beschrieb er so: „Doch verdanke ich ihnen die stärksten Prägungen für die damals vor mir liegende Zeit. Sie waren es, die mich anzogen und förmlich erzogen. Mit ihrer Atmosphäre und ihren menschlichen Bindungen entstand ein mich verwurzelnder Lebenskreis."

Richard von Weizsäcker hat nicht damit gerechnet – wie er wohl kaum je mit einem Amt wirklich „gerechnet" hat –, dass ihm eines Tages die Leitung des Deutschen Evangelischen Kirchentags angetragen werden würde. Wie so oft kam das Amt zu ihm. Reinold von Thadden-Trieglaff fragte ihn 1961, ob er die Aufgaben des Kirchentagspräsidenten übernehmen wolle – zur grenzenlosen Überraschung Richard von Weizsäckers, der zweifelte, ob er angesichts seiner fehlenden ökumenischen Erfahrung und der fehlenden Kenntnisse in evangelischer Gremienarbeit Amt und Funktion überhaupt genügen könne. Die Faszination, die das Laientreffen auf ihn ausübte, ließ ihn jedoch zustimmen – noch nicht zum Präsidentenamt, aber zur Mitarbeit. Er gehörte ab 1962 dem Kirchentagspräsidium an. Zwei Jahre später erfolgte die Wahl ins Präsidentenamt, das Richard von Weizsäcker anders als sein Vorgänger im Nebenamt ausfüllte. Seine ökonomische Unabhängigkeit mochte der Freiherr, der noch in Diensten des Pharma-Unternehmens Boehringer stand, nicht aufgeben. Die Wahl war noch eine gesamtdeutsche. Das war nicht selbstverständlich, denn seit 1961 trennte die Mauer Deutsche von Deutschen. Kirchentagspräsident Richard von Weizsäcker setzte sich nachdrücklich dafür ein, dass die Kirchentage gesamtdeutsche Veranstaltungen bleiben konnten. Dies war ein nicht immer einfaches Unterfangen, da sich die DDR mehrfach gegen die Reise von DDR-Bürgern zu Kirchentagen in der Bundesrepublik stellte.

Richard von Weizsäcker hatte zu Beginn seiner Arbeit als Kirchentagspräsident gehörigen Respekt vor der neuen Funktion: „Und in Gedanken an die mir nun zufallende Leitungsaufgabe konnte ich gar nicht anders, als an das Lutherwort von Furcht und Zittern denken", schrieb er. Dann ging er an die Arbeit, zielbewusst und mit klaren Vorstellungen. Er sollte während seiner Amtszeit die Laientreffen nachhaltig prägen, indem er sich unter anderem für die Unabhängigkeit gegenüber der Amtskirche stark machte. Darüber hinaus setzte er neue Schwerpunkte. In den sechziger Jahren, die turbulent wurden, widmeten sich die Kirchentage verstärkt der Suche nach christlich motivierten Antworten auf gesellschaftliche Fragen sowie einer kritischen Exegese. „Politisierender Berufs-Protestant" musste sich der Freiherr vom „Spiegel" nennen lassen.

Wie sich Richard von Weizsäcker die Einmischung engagierter Bürger und evangelischer Christen in gesellschaftliche und politische Themen vorstellen konnte, hatte schon das „Tübinger Memorandum" gezeigt; es war 1961 von acht namhaften Protestanten unterzeichnet worden, unter ihnen der Bruder Carl Friedrich von Weizsäcker. Richard von Weizsäcker gehörte nicht zu den Unterzeichnern, war aber an den Vorarbeiten beteiligt und widmete sich in einem Artikel der „Zeit" den Themen des Memorandums. Den Unterzeichnern ging es darum, Realitäten anzuerkennen und auf diesem Wege die Voraussetzung für Verständigung zu schaffen. Die Oder-Neiße-Grenze sollte danach als gegeben akzeptiert werden – eine Forderung, die in den sechziger Jahren die Gemüter erhitzte. Zudem entsprach sie in keiner Weise den bundesdeutschen Politikprinzipien und erst recht nicht dem Empfinden der Vertriebenenverbände.

Die Verfasser des „Tübinger Memorandums" sprachen sich nicht nur für die Anerkennung der Oder-Neiße-Grenze aus, sondern lehnten auch die nukleare Aufrüstung kategorisch ab und forderten eine neue Bildungspolitik. Das Memorandum, das an den Bundestag adressiert war, löste eine vielschichtige und ausgesprochen heftige öffentliche Debatte aus. „Liest man den Text des Memorandums heute nach, dann stößt man auf lauter Argumente, die inzwischen kaum noch umstritten sind. Damals jedoch schien alles noch kontrovers zu sein", schrieb Richard von Weizsäcker später.

Die Fronten, gerade in den außenpolitischen Beziehungen, waren in dieser Zeit verhärtet. Bonns Außenpolitik folgte der Hallstein-Doktrin, die 1955 verkündet wurde, kurz nachdem die Bundesrepublik bedingt souverän geworden und dem westlichen Verteidigungsbündnis NATO beigetreten war. Danach war allein die Bundesrepublik legitimiert, für ganz Deutschland zu sprechen. Nach diesem formulierten Alleinvertretungsanspruch war nur Bonn berechtigt, diplomatische Vertretungen im Ausland zu unterhalten. Die Beziehungen sollten abgebrochen werden, wenn ein Land diplomatische Beziehungen mit der DDR aufnahm. Tatsächlich wurde die Hallstein-Doktrin aber nur zweimal in der praktischen Politik angewandt. Der Verzicht auf offizielle diplomatische Verbindungen zu osteuropäischen Staaten wurde allerdings schon früh durch wirtschaftliche Kontakte kompensiert.

Richard von Weizsäcker plädierte 1962 in einem Artikel in der „Zeit" für eine differenziertere bundesdeutsche Außenpolitik und mahnte eine neue Einstellung gerade zu den östlichen Nachbarn an: „Wir führen den geistigen Kampf gegen

Kommunismus und Unfreiheit nicht mit der Bereitschaft zur offenen Auseinandersetzung, in der sich die eigenen Abwehrkräfte bewähren und stärken und die Anziehungskräfte erst entwickeln könnten." Und weiter schrieb er Erstaunliches in einer Zeit, in der der Bau der Mauer nicht einmal ein Jahr zurücklag: „Unsere Losung lautet Abkapselung. KPD und zonale Zeitungen sind verboten; Reisen hinter den Eisernen Vorhang gelten wegen unserer mangelnden geistigen Vorbereitung als gefährlich ... Das alles ist vorsätzliche Einengung des Spielraumes aus Sorge vor eigener Anfälligkeit in den geistigen Auseinandersetzungen unserer Zeit." Und er wagte einen Blick in die Zukunft: „Moskau wird auf längere Sicht immer größere Schwierigkeiten haben, sein Imperium zusammenzuhalten." Wie recht Richard von Weizsäcker schon damals hatte. Er plädierte vor allem für die Überprüfung der Hallstein-Doktrin, denn der langfristigen Entwicklung, in der allein die Wiedervereinigung Europas und damit auch Deutschlands erwartet werden könne, diene sie nicht, war seine Meinung.

Deutschland- und Ostpolitik, Aussöhnung mit den ehemaligen Kriegsgegnern waren die Themen, die Richard von Weizsäcker am Herzen lagen und zu denen er sich öffentlich äußerte. Basierend auf seinem christlichen Glauben und der Überzeugung, dass Zukunft nicht ohne Versöhnung gestaltet werden könne, entwickelte er stetig, aber konsequent sein gesellschaftliches Engagement, das letztlich im politischen Handeln münden sollte. Der mündige Bürger und verantwortliche Christ muss sich engagieren und die Gesellschaft mitgestalten. Nur wenn der Einzelne in einem demokratischen Gemeinwesen aktiv am öffentlichen Leben teilnimmt, kann eine Bürgergesellschaft mit Leben erfüllt werden.

Liebe deinen Nächsten wie dich selbst, so heißt es. Richard von Weizsäcker ist die Übersetzung dieses Bibeltextes durch den jüdischen Religionsphilosophen Martin Buber viel näher: Liebe deinen Nächsten, denn er ist wie du, „also genauso auf sich selbst bezogen wie du selbst; du sollst nicht deine Eigenliebe auf ihn übertragen, sondern in ihm deine eigenen Schwächen und Egoismen erkennen und sie in der Begegnung mit ihm überwinden. Es ist Selbsthilfe, wenn du ihm hilfst. Immer ging es um die Suche nach gemeinsamen Wegen zwischen Menschen, Gruppen und Gesellschaften, die sich von Hause aus miteinander schwertaten".

Der Entschluss, sich aktiv in den Gremien des Kirchentags zu engagieren, war eine Zäsur im Leben Richard von Weizsäckers. Er ging seine neuen Aufgaben mit Herzblut an. Mit dem Bau der Mauer 1961 war den Kirchentagen eine ganz besondere Funktion zugewachsen; die DDR riegelte sich ab und hinderte viele Gläubige von der Ostsee bis ins Erzgebirge an der Teilnahme an den Kirchentagen. Die zementierte Teilung Deutschlands trug dazu bei, dass die deutschlandpolitischen Erwartungen in weiten Teilen der Bevölkerung sanken. Auch auf den Kirchentagen war dies spürbar. Waren die Treffen in den fünfziger Jahren noch voller Hoffnung auf die Einheit, so kam jetzt eine Krise. Der neue Kirchentagspräsident musste sich gleich um eine Neujustierung der Laientreffen bemühen.

Unter der Ägide Richard von Weizsäckers wurde der Kirchentag 1965 in Köln zu einer ersten großen Bewährungsprobe. „In der Freiheit bestehen" hieß das Motto in der Domstadt. Mit ihm als neuem Kirchentagspräsidenten war auch ein Generationenwechsel in der Führung eingeleitet worden, der konzeptionell neue Impulse bescheren sollte. Mehr Gefühl für Realitäten, mehr Sachlichkeit, mehr Analyse der Gegenwart, um dem Einzelnen, aber auch der Kirche selbst zu helfen, sich über ihre Rollen in der Gesellschaft klar zu werden. Das Thema Freiheit wurde in einer großen Vorlesungsreihe interpretiert. Karl Rahner, Carl Friedrich von Weizsäcker und Max Horkheimer hielten hierzu Vorträge. Dorothee Sölle und Ulrike Meinhof provozierten mit ihren Beiträgen.

Der Kölner Kirchentag erlangte unter anderem für die Reformdiskussion in der evangelischen Kirche eine große Bedeutung und wurde zu einem Neuanfang. Er wurde als

Kirchentag des Dialogs gewertet, der keine „geistliche Muster-
messe" war. Man habe „den Staub von der Bibel geblasen" und
„einige längst morsche Zäune niedergerissen", schrieben Kom-
mentatoren und fragten zum Abschluss: „Warum war das
Ganze so faszinierend? Vielleicht weil eine Handvoll kritischer, aber ganz und gar engagierter Leute, es fertig gebracht
hat, für ein paar Tage die Kluft zwischen Geist und Politik in
der Bundesrepublik zu schließen."

Richard von Weizsäcker hat seine eigenen Erinnerungen an
diesen Kirchentag: „1965 waren wir zu Gast in Köln. Im ganz
kleinen Kreis zum Empfang im Dommuseum sprach, anstelle
eines der konventionellen Grußworte, der Kardinal Frings eine
Bibelarbeit zur Auslegung der Losung unseres Kirchentages
(aus dem Galaterbrief). Er sagte Amen. Neben mir standen
Adenauer und Niemöller, und sie umarmten sich wahrhaft
freudig."

1967 fand unter seiner Leitung der Kirchentag unter dem
Motto „Der Frieden ist unter uns" in Hannover statt. Diskus-
sionen um die Friedenserhaltung oder Wiedererlangung des
Friedens wurden angesichts der hart kritisierten Auswei-
tung des Vietnamkrieges durch die USA hitzig geführt.
Zusätzliche Brisanz erhielt das Treffen durch Debatten über
Studentenproteste und den Tod Benno Ohnesorgs nach der
Anti-Schah-Demonstration. Das politische und gesellschaftliche Klima in der Bundesrepublik Deutschland hatte sich
grundlegend gewandelt. Eine große Koalition regierte das
Land, Kurt Georg Kiesinger war als Nachfolger von Ludwig
Erhard neuer Bundeskanzler geworden. In der Gesellschaft
brodelte es – nicht nur in der Bundesrepublik, sondern in
vielen Ländern des Westens. Die Jugend begann, sich gegen
die Ideale der Eltern aufzulehnen, suchte die Konfrontation
mit dem Staat. Anlässe gab es genug. Die geplante Not-
standsverfassung trieb die Menschen in der Bundesrepublik
auf die Straßen. Kulturschaffende wie der Schriftsteller Hans
Magnus Enzensberger riefen zum Widerstand auf. Die Verdrängung der nationalsozialistischen Vergangenheit ließ die

*Der Kirchentagspräsident Weizsäcker bei der Eröffnung des Laien-
treffens 1969 in Stuttgart.*

Jugend der Kriegsgeneration nicht mehr durchgehen. 1968 wurde zu einem entscheidenden Jahr in Deutschland, der Konflikt der Generationen prägte eine ganze Epoche – und machte auch nicht vor den folgenden Kirchentagen halt. Hier standen sich moderne Theologie und bibelgläubige Bekenntnisbewegung gegenüber. „Beim Stuttgarter Kirchentag 1969 war nach meiner Erinnerung der Höhepunkt der Kontroversen erreicht. In Folgewirkung der Achtundsechziger-Bewegung gab es damals Gruppen, die von Halle zu Halle gingen, dort Anträge für Resolutionen stellten und dann die Teilnehmer ein bisschen einschüchterten, sich diesen Resolutionen anzuschließen. Das war zwar einerseits manchmal anregend, andererseits aber einem Gespräch zwischen Bekenntnisbewegung und moderner Theologie nicht immer sehr förderlich", erinnerte sich Richard von Weizsäcker. Ihm war eine aufgeheizte Atmosphäre nicht geheuer, in der die Lautstärke eines Beitrags mehr zählen sollte als die Kraft der Argumente.

Bis in die achtziger Jahre hinein engagierte er sich in der Synode und im Rat der Evangelischen Kirche in Deutschland. In seine Amtszeit als Kirchentagspräsident fiel auch die Suche nach einem intensiveren Kontakt zum Katholikentag sowie die Vorbereitung für das Ökumenische Pfingsttreffen 1971, das für manche der Vorläufer des ersten Ökumenischen Kirchentags 2003 in Berlin war, für andere eine Enttäuschung und vertane Chance. In den Jahren 1979 bis 1981 amtierte Richard von Weizsäcker erneut als Kirchentagspräsident und verantwortete das Laientreffen in Hamburg 1981. Der Kirchentag in der Hansestadt stand unter dem Motto „Fürchte Dich nicht" und zog so viele Besucher an wie seit den fünfziger Jahren nicht mehr. Kein Wunder, trafen doch die Organisatoren mit ihren Themen den Nerv der Zeit. Die Friedensbewegung war unterwegs und demonstrierte machtvoll gegen neue Aufrüstung.

Für Richard von Weizsäcker war Kirchentag immer eine Verbindung von offener Gesellschaft mit einer klaren Beheimatung in und Verbindung mit der eigenen Kirche, dies aber

„nicht als Laienreligionsunterricht, sondern als die Suche nach unserer Verantwortung – und das führte ganz unfehlbar in die politischen Fragen hinein".

Auch das internationale Parkett betrat er als Kirchentagspräsident: Lange Jahre arbeitete Richard von Weizsäcker im Exekutivausschuss des Ökumenischen Weltrats der Kirchen mit. Bis in die Gegenwart blieb ihm der Kirchentag Heimat, auch wenn so manche neuen Kirchenlieder und Kompositionen für ihn gewöhnungsbedürftig blieben. Über neue Impulse und die Begegnung mit den Menschen hat er sich stets gefreut. „Da ich später die gelegentlich sehr ins Persönliche gehenden Machtkämpfe und auch nicht immer von Verlogenheit ganz freien Auseinandersetzungen im politischen Bereich und zwischen den Parteien erleben musste, habe ich meine Kräfte und Maßstäbe buchstäblich aus den Erlebnissen im Kirchentag und aus seiner Vorbereitungsarbeit geschöpft", bekannte er später.

Wie aus seinem gesellschaftlichen Engagement ein Handeln mit politischen Konsequenzen wurde, zeigte auf nachdrückliche Weise seine bedeutsame Arbeit in der Kammer für öffentliche Verantwortung der Evangelischen Kirchen in Deutschland. 1963 wurde diese Einrichtung mit einer hochbrisanten Aufgabe betraut. Die Situation der Flüchtlinge und Vertriebenen sowie das Verhältnis zu Polen waren in den sechziger Jahren explosive und mit vielschichtigen Emotionen befrachtete Themen – und sind es teilweise bis heute geblieben. Seit Gründung des Bundesrepublik Deutschland gab es ein eigenes Bundesministerium für Vertriebene, Flüchtlinge und Kriegsgeschädigte. Die Integration der Millionen Menschen aus den ehemaligen deutschen Ostgebieten in die bundesdeutsche Gesellschaft wurde zu einer auf vielen Ebenen gewaltigen Aufgabe – logistisch, finanziell, aber vor allem menschlich. Viele Deutsche kannten die bewegenden Schicksale von Menschen, die ihre Heimat, womöglich Familienangehörige verloren hatten, und erlebten, wie sie sich unter harten Bedingungen ins Leben zurückkämpfen mussten.

Die Vertriebenenverbände verteidigten zäh und unnachgiebig ihr Recht auf Heimat und wandten sich strikt gegen die Anerkennung der Oder-Neiße-Linie als Westgrenze Polens. Offizielle politische Kontakte zwischen Bonn und Warschau gab es Anfang der sechziger Jahre noch nicht. Zu groß war die Last der zurückliegenden Geschichte, in der Polen überfallen, besetzt, später nach Westen „verschoben" wurde. Deutschland hatte nach dem Potsdamer Abkommen seine Ostgebiete eingebüßt – Millionen Menschen waren Opfer von Vertreibungen geworden oder hatten fliehen müssen. Leid und Unrecht auf beiden Seiten hatte tiefe Wunden hinterlassen. Annäherung war, wenn überhaupt, lediglich in kleinen Schritten denkbar. Der damalige Außenminister Gerhard Schröder war zwar durchaus bemüht, Kontakte zu den osteuropäischen Staaten aufzunehmen, wenn auch – die Hallstein-Doktrin gab den Weg vor – keine vollen diplomatischen Beziehungen denkbar waren.

Die Denkschrift der Evangelischen Kirche, die 1965 erschien, hatte den Titel „Die Lage der Vertriebenen und das Verhältnis des deutschen Volkes zu seinen östlichen Nachbarn". Sie wirkte einerseits wie ein Katalysator, brachte andererseits seinen Verfassern, unter ihnen Richard von Weizsäcker, viel zornige Kritik ein. Was die Ostdenkschrift bot und in Teilen schon im Tübinger Memorandum stand, rüttelte die Gesellschaft auf: Sie analysierte nicht nur die aktuelle Situation, sondern zog Schlüsse, die faktisch auf eine Anerkennung des Status quo, das heißt auf eine Anerkennung der Oder-Neiße-Grenze hinausliefen.

Unter der Leitung von Ludwig Raiser hat die Kammer die Situation der Vertriebenen in Gesellschaft und Kirche beschrieben, die gegenwärtige Lage in den Gebieten jenseits der Oder-Neiße-Linie erörtert sowie theologische und ethische Überlegungen angestellt. So heißt es in der Ostdenkschrift: „Die rechtlichen Positionen begrenzen sich gegenseitig; Recht steht gegen Recht oder – noch deutlicher – Unrecht gegen Unrecht. In solcher Lage wird das Beharren auf gegensätzlichen Rechtsbehauptungen, mit denen jede Partei nur ihre

Interessen verfolgt, unfruchtbar, ja zu einer Gefahr für den Frieden zwischen beiden Völkern. Auf dieser Ebene ist der Konflikt nicht zu lösen. Daher gilt es, einen Ausgleich zu suchen, der eine neue Ordnung zwischen Deutschen und Polen herstellt. Damit wird nicht gerechtfertigt, was in der Vergangenheit geschehen ist, aber das friedliche Zusammenleben beider Völker für die Zukunft ermöglicht."

Richard von Weizsäcker erinnerte sich: „Wir haben die Denkschrift an die Präsidien der politischen Parteien in Westdeutschland übermittelt – und sie hörten aufmerksam zu … Es kam vier Jahre später beim nächsten Regierungswechsel dazu, diese Verständigungspolitik mit Polen unter Einschluss der Anerkennung der Oder-Neiße-Grenze zum Regierungsprogramm zu machen. Die Ostdenkschrift war eine wesentliche Voraussetzung dafür."

Heute ist überdeutlich, dass die Ostdenkschrift der Evangelischen Kirche der deutsch-polnischen Verständigung maßgebliche Impulse gab und die Ostpolitik der sozialliberalen Koalition ab 1969 befördert hat. Ein nicht leicht zu diskutierendes, hoch emotionales Thema konnte in der Gesellschaft platziert, die Erstarrung in der Politik nach dem Mauerbau aufgelockert werden. Dass über die Analysen und Aussagen leidenschaftlich gestritten wurde, war den Verfassern natürlich klar.

Die Ostdenkschrift war eine der wichtigsten Initiativen der evangelischen Kirche in dieser Zeit. Dass sie mit einem Tabu brach und über die Anerkennung einer Grenze sprach, die seit dem Ende des Weltkriegs die Westgrenze Polens war, blieb ihr großer Verdienst, auch wenn es nicht das erste Mal war, dass sich Protestanten zu diesem heiklen Thema öffentlich äußerten. Schon im Tübinger Memorandum war dies ein wichtiger Aspekt gewesen – aber jedes Thema braucht die richtige Zeit und die passende Ausdrucksform, um nicht nur wahrgenommen zu werden, sondern auch nachhaltig Anstöße geben zu können.

Mit der von der sozialliberalen Koalition initiierten Ost- und Deutschlandpolitik wehte ein neuer Wind im deutsch-polnischen Verhältnis, der 1970 zum Vertrag mit Polen und dem Gewaltverzichtsabkommen führte. Polen und die Bundesrepublik Deutschland beschritten den langen Weg der Annäherung. Die DDR war der Ansicht, schon hinreichend aktiv gewesen zu sein, da sie schon früh und ohne Diskussion die Oder-Neiße-Grenze hatte anerkennen müssen.

Bei allen Fortschritten entwickelte sich das Verhältnis zwischen Polen und der Bundesrepublik Deutschland zäh und schleppend. Bis in die Gegenwart blieben viele Fragen strittig. Aber dies ist angesichts der schwerwiegenden historischen Lasten wohl nicht anders zu erwarten. Bis zum Fall der Mauer haben politische Scharfmacher immer mal wieder die Endgültigkeit der Oder-Neiße-Grenze in Abrede gestellt. Auch die Frage, wie beide Staaten mit dem Thema Vertreibung umgehen, blieb heikel. Polen sprach in den achtziger Jahren immer noch nicht von Vertreibung, sondern lediglich von Aussiedlung.

Ein Schlussstrich konnte erst mit der Wiedervereinigung Deutschlands gezogen werden. Der dafür notwendige Zwei-plus-vier-Vertrag über die „abschließende Regelung in Bezug auf Deutschland", 1990 von den Siegermächten des Zweiten Weltkriegs und Vertretern beider deutscher Staaten unterzeichnet, regelte die äußeren Aspekte der deutschen Vereinigung. Die bestehenden Grenzen wurden unmissverständlich festgeschrieben: „Das vereinte Deutschland und die Republik Polen bestätigen die zwischen ihnen bestehende Grenze in einem völkerrechtlich verbindlichen Vertrag. Das vereinte Deutschland hat keinerlei Gebietsansprüche gegen andere Staaten und wird solche auch nicht in Zukunft erheben."

Die Evangelische Kirche und der Polnische Ökumenische Rat würdigten in einer gemeinsamen Erklärung die Ostdenkschrift zum 40. Jahrestag: „40 Jahre später gilt der Dank den Verfassern der Denkschrift, die in schwieriger politischer Situation ein wegweisendes Wort fanden, so dass die Denkschrift zu einem bleibenden Vorbild für die Wahrnehmung des politischen Wächteramtes der Kirche nach evangelischem

Verständnis geworden ist." Aber sie zeigten auch auf, dass noch nicht das Ende des Weges beschritten ist: „Eine Reihe von Herausforderungen ist geblieben. Solche Herausforderungen stellen sich in veränderter Form und fordern zu weiteren Schritten im Versöhnungsprozess heraus."

Zusammen mit Erhard Eppler verfasste Richard von Weizsäcker 1968, ebenfalls in der Kammer für öffentliche Verantwortung, eine weitere Denkschrift. Sie hatte den Titel „Friedensaufgaben der Deutschen". Die kirchlichen Gremien beider deutschen Staaten diskutierten und verabschiedeten die Denkschrift gemeinsam: „Wir hatten sie auf zahlreichen Sitzungen fast ausschließlich in Ostberlin beraten und beschlossen. Ihr Inhalt kreiste um das Thema Verantwortungsgemeinschaft der Deutschen", erinnerte sich Richard von Weizsäcker. Das Thema war brisant, denn: „Es erfüllt die Nachbarn mit Sorge, wenn zwei deutsche Regierungen sich befehden. Daher die Suche nach politischen Lösungen, die uns Deutsche in größere, in gesamteuropäische Zusammenhänge einbinden." Richard von Weizsäcker schrieb dazu: „Kerngedanke der Schrift war es, dass der Frieden im geteilten Europa vom Grade innerdeutscher Offenheit oder Spannung entscheidend gefördert oder gefährdet werden könne." Über Parteigrenzen hinweg, hätten die Autoren Eppler und Weizsäcker sich auf eine gemeinsame Plattform von Wertevorstellungen geeinigt und das verdiene den allergrößten Respekt, erklärte Ratsvorsitzender Wolfgang Huber im Jahr 2007. Dies habe auch dazu beigetragen, den Weg zur deutschen Einheit zu bahnen.

Richard von Weizsäcker blieb stets ein engagierter Protestant in seiner Kirche und ein Verfechter seiner Glaubensgrundsätze, auch wenn sich sein beruflicher Schwerpunkt verlagerte. Er wagte sich weiter in die Politik vor; ein Feld, das Vaclav Havel einmal so beschrieb: „Aus meiner Erfahrung kann ich nur sagen: Politik ist nicht die Kunst des Möglichen, sondern des Unmöglichen."

SIEBTES KAPITEL

Entscheidung für die Politik

Richard von Weizsäcker pflegte als einer der wenigen intensive und kontinuierliche Kontakte in die DDR – auch nach dem Bau der Mauer 1961. Er wusste genau, wovon er sprach, wenn es um die offene deutsche Frage und um die Lebenswirklichkeit der Menschen in der DDR ging. Seine Kontakte zu Kirchenvertretern in der DDR ließ er nie abreißen, auch nicht in seiner Zeit als Bundespräsident. Gerade seine deutsch-deutschen Erfahrungen waren von großer Bedeutung – im Besonderen für die Politik. Helmut Kohl, CDU-Fraktionsvorsitzender im rheinland-pfälzischen Landtag und seit 1959 Referent beim Verband der Chemischen Industrie mit Sitz in Ludwigshafen, erkannte früh, welches Potential in Richard von Weizsäcker, damals in der Geschäftsführung des pharmazeutischen Unternehmens Boehringer im nahen Ingelheim, schlummerte. Ein protestantischer Kirchenmann von hoher Integrität, adlig, berufserfahren, frei von Skandalen, welt- und wortgewandt konnte einem CDU-Landesverband gut zu Gesicht stehen und letztendlich auch die eigene Position stärken. Dass Richard von Weizsäcker nicht dem eigenen Landesverband angehörte, spielte für den Machtmenschen Helmut Kohl keine Rolle. Mehrfach hatte er Kandidaten aus anderen Bundesländern auf den eigenen Landeslisten platziert. Dadurch gelang es ihm, ein schlagkräftiges Netzwerk aufzubauen und bundespolitisch für Aufsehen zu sorgen.

Die ersten Jahre in den Sechzigern waren eine Zeit des Übergangs in vielen Bereichen. Noch brummte die Wirtschaft, die Nettolöhne stiegen kräftig an und Arbeitgeber befürchteten einen eklatanten Mangel an Arbeitskräften – politisch ging der Regierungskoalition von Union und FDP aber langsam die Luft aus. Die Affäre um die Durchsuchung der Redaktionsräume des „Spiegel" und die Verhaftung von Redakteuren aufgrund kritischer Berichterstattung führte 1962 zu einer schweren innenpolitischen Krise. Machtkämpfe innerhalb der Union, unter anderem zwischen Kanzler Konrad Adenauer und Wirtschaftsminister Ludwig Ehrhard, erschütterten das Vertrauen der Bevölkerung in die Regierung nachhaltig. Seit 1949 bestimmte die CDU die Marschrichtung. Konrad Adenauer, erster Bundeskanzler der Bundesrepublik Deutschland, der nach dem Krieg für eine feste Verankerung des Landes im demokratischen Westen gesorgt hatte, gewann 1961, im Jahr des Mauerbaus, noch einmal die Bundestagswahl. Allerdings mussten CDU und CSU deutliche Stimmenverluste hinnehmen und konnten ihre absolute Mehrheit nicht mehr halten. Die Sozialdemokraten, seit dem Godesberger Programm von 1959 auf neuem Kurs, gewannen ebenso wie die Freien Demokraten hinzu. Adenauer, „der Alte", trat nach schweren innerparteilichen Querelen und persönlichen Anfeindungen zwei Jahre später zu Gunsten von Ludwig Erhard zurück. Von vielen unerwartet holte der profilierte Wirtschaftsfachmann bei der Bundestagswahl 1965 einen klaren Sieg für die Union. In seiner Regierungserklärung sagte er, dass die Nachkriegszeit zu Ende sei und prägte die Vision einer „formierten Gesellschaft", ein unzulänglicher Begriff, der ihm viel Kritik einbrachte: „Wollen wir auf dem Weg des bisherigen Erfolges, des Fortschritts, des politischen und sozialen Friedens bleiben, so muss die deutsche Gesellschaft weitere Schritte in jene moderne Ordnung tun, die wir die formierte Gesellschaft nennen. Sie wird nicht durch eine Aktion geschaffen, sondern entfaltet sich aus einem Prozess. Sie ist auch nicht ständestaatlich gegliedert; vielmehr beruht sie auf der Überzeugung, dass die Menschen nicht nur durch Gesetze, sondern aus Einsicht das ihrem eigenen Wohle Dienende zu tun bereit sind."

Helmut Kohl und Richard von Weizsäcker trafen im Frühjahr 1965 zusammen. Welch ein Gegensatz: Auf der einen Seite der fünfunddreißigjährige Machtpolitiker aus der Pfalz, der zielstrebig die Karriereleiter der Partei erklomm, auf der anderen Seite der zehn Jahre ältere, auf vielen Feldern erfahrene unabhängige Denker. Richard von Weizsäcker erinnerte sich positiv an seine erste Begegnung mit Helmut Kohl und die schwungvolle, direkte Art seines Auftritts: „Sein umwegloser Anmarsch auf sein Ziel und seine freundschaftliche Offenheit in einem langen Gespräch beeindruckten mich." Später, in der Politik der achtziger Jahre gab es allerdings nicht nur Einklang im Verhältnis der beiden „Alpha-Tiere".

Helmut Kohl bot Richard von Weizsäcker bereits 1965 einen sicheren Listenplatz für die bevorstehende Bundestagswahl an. „Für die Idee und die sehr persönliche Art seines Vorschlags war und blieb ich Helmut Kohl stets verbunden", schrieb Richard von Weizsäcker. Aber er lehnte die Offerte, die von unterstützenden Briefen des Altkanzlers Konrad Adenauer flankiert worden war, nach reiflicher Überlegung ab. Es passte noch nicht. Im Jahr zuvor hatte Richard von Weizsäcker die Aufgabe des Kirchentagspräsidenten nebenamtlich übernommen, war auch beruflich noch stark eingespannt. All dies vertrug sich nicht mit einer Kandidatur für den Deutschen Bundestag. „Wir verabredeten uns für später."

Für Helmut Kohl war dies keine gute Nachricht, da die Absage eines von ihm protegierten Kandidaten seine Position im eigenen Parteiverband hätte schwächen können; aber unverdrossen trieb er im Eiltempo seine Parteikarriere voran, wurde 1966 Landesvorsitzender der CDU in seinem Heimatland und Mitglied des CDU-Bundesvorstands. In dieses höchste Parteigremium folgte ihm noch im gleichen Jahr auch Richard von Weizsäcker. Der Sprung aus dem Stand in den CDU-Vorstand erstaunt. Der Vorschlag kam wieder vom „Talentsucher" Helmut Kohl. „Nicht wenige in der Union waren ein wenig eifersüchtig auf den Schnellstarter, der nie die ‚Ochsentour' an der Basis hatte durchstehen müssen. Manche hielten ihn auch nur für einen ‚Wanderprediger', der sich für die handfeste Konfrontation mit dem politischen Gegner zu fein war. Aber letztlich akzeptierte die CDU, dass

Gespräch am Rhein: Bundeskanzler Helmut Kohl und Bundes-
präsident Richard von Weizsäcker.

einer ‚anders' war", schrieb Friedbert Pflüger, später Büroleiter und Pressesprecher Richard von Weizsäckers, über dessen Einstieg in die Politik.

Richard von Weizsäcker blieb als Mitglied des Parteivorstandes zunächst unauffällig, auch für die eigene Partei, die ihn mit guter, in der Folge stets mit der höchsten Stimmenzahl in diesem Amt bestätigte. Wie konnte das sein? 1968 erklärte der „Spiegel" das Phänomen auf wenig schmeichelhafte Weise: „Bisher freilich, fand Richard von Weizsäcker bei alt und jung nur deshalb Anklang, weil er meist mit seinem großen Bruder, dem Hamburger Atomphysiker und Philosophen Carl Friedrich von Weizsäcker, 56, verwechselt wird. Selbst in der Christen-Union beschränkt sich seine Popularität weitgehend auf den Familiennamen." Bis 1984 gehörte Richard von Weizsäcker dem Parteigremium an.

Der bis dato berühmteste Spross der Familie, Carl Friedrich von Weizsäcker, der selbst einmal im Jahr 1964 die Chance hätte ergreifen und Bundespräsident werden können, sagte über seinen Bruder: „Er war derjenige von uns, bei dem mir immer am klarsten schien, dass es ihm um Politik geht, dass Politik sein Lebensinhalt wird. Ich hätte ihn mir gut vorstellen können als Diplomat, auch als Außenminister. Das ist eine gewisse Familientradition."

Richard von Weizsäckers Wechsel in die Politik kam mit Ruhe. Als unabhängig in jeder Hinsicht fühlte er sich auch in seiner Arbeit für die Partei vornehmlich dem großen Ganzen, dem Staatswesen und den Menschen verpflichtet. Auf eine Hausmacht innerhalb der CDU konnte er, der bis 1966 in der Pharma-Industrie gearbeitet hatte, nicht bauen. Nie war er ein Parteisoldat, der sich durch Gremienarbeit für nachfolgende Aufgaben und Positionen empfohlen hat. Allerdings verfügte er stets über ein gut funktionierendes Netzwerk aus Freunden, Gleichgesinnten und alten Kameraden – die Parteizugehörigkeit spielte dabei eine untergeordnete Rolle. Zudem suchte er, gerade auch als Politiker, der sich später um das Grundsatzprogramm seiner Partei verdient machen sollte, den Austausch mit klugen Köpfen aus Kultur, Wirtschaft und Wissenschaft.

Seine Unabhängigkeit im Denken war nicht nur ungewöhnlich, sondern barg für viele in seiner Partei auch neue Möglichkeiten im Parteienpoker. Da dem Kirchentagspräsidenten Gesamtinteresse vor Parteiinteresse ging – meistens zumindest – empfahl er sich wie selbstverständlich schon früh für höchste Staatsämter. 1968 bereitete Helmut Kohl, der in der Partei bereits als Kronprinz gehandelt wurde, einen gewagten Coup vor. Richard von Weizsäcker, völlig überrascht von dem Angebot, sollte gegen den SPD-Kandidaten Gustav Heinemann um das Amt des Bundespräsidenten antreten. Aber ehe es soweit kommen konnte, mussten sich die Parteigremien zunächst auf ihn verständigen. Und das war aufgrund fehlender Hausmacht in der Union und nicht konformer Aussagen, die er unter anderem in der EKD-Ostdenkschrift geäußert hatte, nicht leicht. „Der Vorsitzende der CSU-Landesgruppe im Bundestag, Richard Stücklen, äußerte ... auf die Frage, was er vom Kandidaten Richard von Weizsäcker halte: ‚Ich halte ihn für integer. Das tue ich zunächst einmal mit jedem, den ich nicht kenne.‘“ Solche und ähnliche Äußerungen verfehlten nicht ihre Wirkung. Hinzu kamen parteitaktische Überlegungen in einer Zeit, in der die Große Koalition unübersehbar zum Sinkflug angesetzt hatte – zu groß waren unter anderem die Gegensätze zwischen weiten Teilen der Union und Richard von Weizsäcker in der Deutschland- und Ostpolitik. „Und schon befand ich mich mitten im Strudel der verschiedenen Interessen und Hintergedanken der großen professionellen Matadore, für die die Wahl eines neuen Bundespräsidenten ein besonders geeignetes Manövrierfeld wurde“, erinnerte sich Richard von Weizsäcker später.

Sein Widersacher um die Kandidatenrolle war Gerhard Schröder, der sich schließlich in einer parteiinternen Abstimmung klar durchsetzte. Helmut Kohl hatte noch geraten, angesichts der abzusehenden Niederlage die Kampfabstimmung zu vermeiden. Aber dies hätte nicht zum demokratischen Verständnis Richard von Weizsäckers gepasst: „Zu einer solchen Wetterfahnenorientierung war ich nun allerdings gar nicht bereit. Eine Alternative zu haben und über sie zu entscheiden war nach meiner Überzeugung die bessere Werbung für das Wahlgremium als eine bloße vorher verhandelte Akklamation." Mit hauchdünner Mehrheit setzte sich Gustav Heinemann dann in der Bundesversammlung gegen Gerhard Schröder durch. Im dritten Wahlgang vereinigte er 512 Stimmen auf sich, für Schröder stimmten 506 Delegierte. Heinemann, bis 1952 Mitglied der CDU, 1953 Gründer der Gesamtdeutschen Volkspartei und nach deren Auflösung seit 1957 Mitglied der SPD sowie Justizminister in der Großen Koalition, war der erste sozialdemokratische Bundespräsident der Bundesrepublik Deutschland. Seine Wahl nahm für viele einen Regierungswechsel und die künftige sozialliberale Koalition vorweg.

Im Jahr 1969, in dem zum ersten Mal ein Mensch den Mond betrat, hatte die Bundesrepublik ganz irdische Schwierigkeiten zu bekämpfen. Wirtschaftsprobleme, das Ende der Großen Koalition, eine zunehmende Politisierung von Kultur und Gesellschaft. Studentenbewegung und Außerparlamentarische Opposition standen vor neuen Fragen: Ein Teil von ihnen plädierte für radikale Aktionen, andere für Kompromisse. Wieder andere wollten zunächst die Protestbasis verbreitern. Die 68er-Bewegung hatte die Bundesrepublik nachhaltig erschüttert und sollte das Gesicht des Landes verändern.

Für Richard von Weizsäcker war die Zeit reif, sich auf das Bonner Parkett zu wagen. Max Weber hat einmal geschrieben: „Es gibt zwei Arten, aus der Politik einen Beruf zu machen. Entweder: Man lebt für die Politik – oder aber: von der Politik." Für den Wirtschaftsführer und Rechtsanwalt Richard von Weizsäcker war klar, dass er für die Politik leben wollte. Sein maßgebliches Motiv war die Aussöhnung mit den ehemaligen Gegnern im Zweiten Weltkrieg, allen voran mit Polen: „Ich bin wegen dieser meiner Überzeugung, dass dies die zentrale Aufgabe der Gegenwart sei, zum ersten Mal angetreten für ein politisches Wahlamt", erinnerte er sich.

Der sichere Listenplatz des Landesverbands Rheinland-Pfalz ermöglichte Richard von Weizsäcker den Sprung in den Bundestag. Nun saß der knapp Fünfzigjährige im Parlament, seine Partei aber zum ersten Mal seit Gründung der Bundesrepublik Deutschland in der Opposition. Die Union stellte zwar die stärkste Fraktion, Wahlgewinner waren jedoch die Sozialdemokraten, die als einzige Partei Stimmengewinne verbuchen konnten. Die sozialliberale Koalition mit Bundeskanzler Willy Brandt und Außenminister Walter Scheel kam ans Ruder und legte gleich ein atemberaubendes Tempo vor. In seiner Regierungserklärung setzte Willy Brandt deutliche Signale für den neuen Kurs: „Wir wollen mehr Demokratie wagen. Wir werden unsere Arbeitsweise öffnen und dem kritischen Bedürfnis nach Information Genüge tun. Wir werden darauf hinwirken, dass durch Anhörungen im Bundestag, durch ständige Fühlungnahme mit den repräsentativen Gruppen unseres Volkes und durch eine umfassende Unterrichtung über die Regierungspolitik jeder Bürger die Möglichkeit erhält, an der Reform von Staat und Gesellschaft mitzuwirken." Dies war ein hoher Anspruch, der die Reformanregungen nicht nur aus studentischen Kreisen aufgreifen und kanalisieren wollte. Zur Deutschlandpolitik führte er aus: „20 Jahre nach Gründung der Bundesrepublik Deutschland und der DDR müssen wir ein weiteres Auseinanderleben der deutschen Nation verhindern, also versuchen, über ein geregeltes Nebeneinander zu einem Miteinander zu kommen."

Richard von Weizsäckers parlamentarische Laufbahn begann, wie sollte es anders sein, nicht auf den hinteren Bänken des Bundestags. Der Neuling wurde sogleich deutschlandpolitischer Sprecher. Er hielt seine erste Rede im Bundestag am 5. November 1969. Der Anlass war die beabsichtigte Umbenennung des Ausschusses für gesamtdeutsche Fragen. Er konnte nichts daran ändern, dass das Gremium fortan Ausschuss für innerdeutsche Beziehungen hieß – Ausdruck eines neuen ost- und deutschlandpolitischen Kurses der sozial-liberalen Koalition. Richard von Weizsäcker war es darum gegangen, „den Begriff gesamtdeutsch als Gegenwarts- und Zukunftsaufgabe zu schützen". Dank seiner geschliffenen Debattenbeiträge erwarb er sich aber über die Parteigrenzen hinaus schnell einen ausgezeichneten Ruf. Richard von Weizsäcker bestach durch brillante Analysen und kluge Sachbeiträge. Er enttäuschte allerdings diejenigen, die einen emotionalen, mitreißenden und begeisternden Auftritt am Rednerpult erwartet hatten. All dies war seine Sache nicht – er wollte mit Argumenten überzeugen, nicht mit Rhetorik blenden.

Die Fragen, die damals auf der politischen Agenda der Bundesrepublik standen, berührten Politiker und Millionen Menschen im Land ganz unmittelbar und sehr persönlich. Viele hatten Verwandte in der DDR, schickten regelmäßig Pakete nach Luckenwalde, Lübbenau oder Karl-Marx-Stadt. Als Dank gab es Räuchermännchen aus dem Erzgebirge und vor allem Briefe, die vom Alltag im anderen Teil Deutschlands erzählten. Die Teilung Deutschlands war eine offene Wunde, die viele Familien schmerzte. Hinzu kam das Schicksal der Flüchtlinge und Vertriebenen, die aus Schlesien oder Ostpreußen gekommen waren. Diskussionen um die Anerkennung der Oder-Neiße-Grenze und den unwiederbringlichen Verlust der früheren Heimat waren hoch emotional. In vielen Familien war die „verlorene Heimat" ein ständiges Thema.

Willy Brandt und Walter Scheel wollten einen Neuanfang, der sich an Realitäten orientierte, ohne das Ziel der deutschen Einheit aus dem Blick zu verlieren. „Wandel durch Annäherung" hieß die Formel, die Egon Bahr, wichtigster Berater von Brandt, schon 1963 geprägt hatte. Neue Beziehungen zur DDR, die Handelskontakte und konkrete Erleichterungen für die Menschen bedeuteten, waren das Ziel. Eine Verständigung mit Polen war dabei unumgänglich. All dies ging natürlich nicht ohne das Einverständnis der Kreml-Herrscher.

Historischer Händedruck: Polens Staatspräsident Jaruzelski und Bundespräsident Weizsäcker auf dem Gelände des ehemaligen Vernichtungslagers Treblinka, 1990.

Richard von Weizsäcker war in einer prekären Situation. Aus der Opposition heraus hatte er keine direkten Möglichkeiten, diese Themen mitzugestalten. Auch wenn er gerade in der Verhandlungsführung der neuen sozialliberalen Führung nicht alles guthieß, stimmte er doch in zentralen Punkten mit ihrer Grundintention überein. Und trotz Opposition begeisterte ihn gleich seine erste Legislaturperiode in besonderem Maße: „Zugleich war es auch das für mich selbst erregendste Kapitel, das ich während meiner ganzen Zeit als Parlamentarier erlebt habe. Denn es ging ja genau um das Thema, welches mich in die aktive Politik geführt hatte, vor allem um die Deutschlandpolitik und um unser Verhältnis zu Polen im Sinne der von mir mitverantworteten Ostdenkschrift der EKD", schrieb er später.

Willy Brandt, der in der Regierungserklärung seine Bereitschaft zum Kontakt mit der DDR betont hatte, ließ keine Zeit verstreichen. Im März 1970 traf er sich mit DDR-Ministerpräsident Willi Stoph in Erfurt. Im August des gleichen Jahres wurde der „Moskauer Vertrag" unterzeichnet, der einen Gewaltverzicht und schon die Unverletzlichkeit bestehender Grenzen festschrieb: „In Übereinstimmung mit den vorstehenden Zielen und Prinzipien stimmen die Bundesrepublik Deutschland und die Union der Sozialistischen Sowjetrepubliken in der Erkenntnis überein, dass der Friede in Europa nur erhalten werden kann, wenn niemand die gegenwärtigen Grenzen antastet. Sie verpflichten sich, die territoriale Integrität aller Staaten in Europa in ihren heutigen Grenzen uneingeschränkt zu achten; sie erklären, dass sie keine Gebietsansprüche gegen irgend jemand haben und solche in Zukunft auch nicht erheben werden; sie betrachten heute und künftig die Grenzen aller Staaten in Europa als unverletzlich, wie sie am Tage der Unterzeichnung dieses Vertrages verlaufen, einschließlich der Oder-Neiße-Linie, die die Westgrenze der Volksrepublik Polen bildet, und der Grenze zwischen der Bundesrepublik Deutschland und der Deutschen Demokratischen Republik", hieß es hier.

Das war schwerer Tobak für viele Deutsche. Immer wieder war direkt oder indirekt die Hoffnung genährt worden, die verlorenen deutschen Ostgebiete könnten in nicht allzu ferner Zukunft wieder zu Deutschland gehören. Damit war jetzt Schluss und der „Warschauer Vertrag" vom Dezember 1970 bestätigte dies. Ein Bild ging um die Welt: Bundeskanzler Willy Brandt kniete am Mahnmal der Opfer des Warschauer Ghettos in einer spontanen Geste nieder. Eine Umfrage ermittelte, dass 48 Prozent der Bundesbürger den Kniefall für übertrieben hielten, 41 Prozent für angemessen. Welch Glück, dass der Kanzler sich in diesem Fall nicht an der Mehrheit orientiert hat. Über mangelnde Kritik konnte sich die sozialliberale Regierung in der Folgezeit erwartungsgemäß nicht beklagen. Viele warfen ihr Verzichtspolitik und einen Ausverkauf deutscher Interessen vor.

Mit dem Abschluss der Verträge hatte die Regierung bereits viel Bewegung in die Ostpolitik gebracht, aber längst nicht den entscheidenden Schritt geschafft. Noch stand die Ratifizierung der Abkommen im Parlament und damit die intensivsten Debatten im Bundestag bevor, die es seit den fünfziger Jahren zum Thema Wiederbewaffnung gegeben hatte. Dass es für die Verträge einen Durchmarsch in der Volksvertretung geben würde, war von vorneherein ausgeschlossen. Aber es war auch klar, dass eine Ablehnung der Ostverträge das 1971 vereinbarte Viermächteabkommen über Berlin zu Fall bringen würde. Die gerade erst begonnene Entspannungspolitik wäre zum Scheitern verurteilt gewesen. Außerdem hätte Deutschland außenpolitisch einen schweren Stand gehabt und wäre womöglich international isoliert worden. Auch die schon in Vorbereitung befindliche Konferenz für Sicherheit und Zusammenarbeit in Europa (KSZE), die später so wichtige Impulse geben sollte, hätte eine viel schwierigere Ausgangslage vorgefunden.

Die Auseinandersetzung eskalierte. In der ersten Lesung 1972 erklärte Oppositionsführer Rainer Barzel das strikte Nein seiner Partei zu den Ostverträgen. Kurz vor der entscheidenden Sitzung im Mai entschloss sich die Union – angespornt von Wahlerfolgen in den Ländern und Übertritten einzelner Bundestagsabgeordneten – zum konstruktiven Misstrauensvotum gegen Bundeskanzler Willy Brandt. Mit der hauchdünnen Mehrheit von zwei Stimmen scheiterte es – zur Überraschung vieler. Richard von Weizsäcker, der sich im Bundesvorstand noch gegen das Votum ausgesprochen hatte, unterwarf sich dieses Mal der Parteiräson. Dies bescherte ihm auch einen Konflikt in der eigenen Familie: Sein Bruder Carl Friedrich, unbedingter Anhänger der Entspannungspolitik, missbilligte das taktische Verhalten seines Bruders. Richard von Weizsäcker hatte sich auf Bitte von Fraktionschef Barzel vor dem Antrag an der Aussprache im Parlament beteiligt: „Ich tat es und sagte lediglich, einer moralischen Verurteilung dürfe niemand ausgesetzt werden, der ein verfassungsmäßig ausdrücklich verbrieftes Recht wie diesen Misstrauensantrag nutze. Niemand wisse, wie die Abstimmung ausgehen werde.

Wer nicht verlieren könne, handele ebenso wenig im Sinne unserer Demokratie wie der, welcher die Verantwortung scheue." Doch eigentlich hielt er das Manöver seiner Partei für sehr gewagt: „Denn nach meiner Überzeugung hätte sich die Union im Falle eines Erfolges in einer unbeherrschbaren Lage befunden: ohne ostpolitische Klärung im eigenen Lager, mit einer wachsenden Stimmung in der Bevölkerung zugunsten der Entspannung, mit permanent ungeklärten Mehrheitsverhältnissen im Parlament und unter der Drohung einer unvermeidlichen außenpolitischen Isolierung."

Richard von Weizsäcker gelang es in der Folge, die Union wenigstens auf eine Stimmenthaltung festzulegen, um die Ostverträge durchs Parlament zu bringen. Einfach war dies nach dem gescheiterten Misstrauensvotum und in einer aufgeheizten politischen Atmosphäre nicht: „Die folgenden drei Wochen wurden zu einem kaum noch zu entwirrenden Knäuel von offenen Schlachten und vertraulichen Kontakten, von erbitterten Kämpfen und Brückenbauten", notierte er später. In dieser Zeit spielte er sogar mit dem Gedanken, die Partei zu verlassen. „Aber es ging ja nicht um mich, sondern um die Verträge." Die Sache stand im Vordergrund. Schließlich gelang die Ratifizierung. Die Mehrheit seiner Fraktion enthielt sich der Stimme, die Verträge passierten das Parlament. Es war ein wichtiger Erfolg auch für Richard von Weizsäcker, der aber doch nicht ganz zufrieden war mit dem Erreichten. Er hätte sich ein stärkeres Bekenntnis seiner Partei zu einer neuen Ostpolitik gewünscht: „In einer gewaltigen fraktionsinternen Redeschlacht über eine zentrale deutsche Lebensfrage hatte der Unionsberg gekreißt und eine magere Enthaltungsmaus zur Welt gebracht", merkte er mit spürbarer Enttäuschung an. Aber es blieb dabei. Eine wichtige Weichenstellung war geschafft, das Ausland reagierte mit Erleichterung auf die Ratifizierung.

Noch im gleichen Jahr unterzeichneten Vertreter der Bundesrepublik und der DDR den sogenannten Grundlagenvertrag, dessen wichtigste Vereinbarungen die gegenseitige

Anerkennung der Unverletzlichkeit der Grenzen, Achtung territorialer Integrität, gegenseitigen Verzicht auf einen Alleinvertretungsanspruch, den Austausch ständiger Vertretungen und Kooperation auf diversen Gebieten umfasste. Eine völkerrechtliche Anerkennung der DDR durch die Bundesrepublik war damit nicht verbunden, aber eine neue Ära der deutsch-deutschen Beziehungen eingeleitet. Bei all den Verträgen wurde von bundesdeutscher Seite immer wieder darauf hingewiesen, dass die Wiedervereinigung das Ziel bleibe. Weitere Schritte auf dem Weg der Entspannung sollten in den siebziger Jahren auf europäischer Ebene folgen, unter anderem im Rahmen der Konferenz für Sicherheit und Zusammenarbeit in Europa.

1974, Willy Brandt war nach der Guillaume-Affäre zurückgetreten und Helmut Schmidt sollte neuer Bundeskanzler werden, ging es für Richard von Weizsäcker bereits zum zweiten Mal um das höchste Amt im Staat. Die Union schickte ihn ins Rennen, wohl wissend, dass die Mehrheiten in der Bundesversammlung nicht für einen Sieg ausreichen würden. Der „Zählkandidat" stellte sich trotzdem – auch dies aus Überzeugung. „Die Gewissheit der Niederlage schreckt ihn nicht. Er hält es für seine Pflicht, sich dennoch zu bewerben, denn: ‚Demokratie bedeutet Alternative'", schrieb der „Spiegel", der ihn damals einen „Metapolitiker" nannte, der über den Dingen der Tagespolitik residieren würde.

Gegen Walter Scheel hatte Richard von Weizsäcker keine Chance. Gleich im ersten Wahlgang fiel die Entscheidung: 530 Stimmen konnte Walter Scheel verbuchen, 498 der Gegenkandidat. Das Ergebnis kam angesichts der Mehrheitsverhältnisse in der Bundesversammlung nicht unerwartet und war für Richard von Weizsäcker keine Ohrfeige. Er blieb stellvertretender Vorsitzender der Bundestagsfraktion und sollte diesen Posten bis 1979 behalten. In den folgenden Jahren reiste er als Parlamentarier mehrmals ins Ausland, gehörte neben Annemarie Renger, Wolfgang Mischnick, Richard Stücklen und Herbert Wehner zur ersten bundesdeutschen

Delegation, die die Sowjetunion besuchte. Die Reise zeigte ihm, „dass es die Sowjets mit der Entspannung ernst meinten, zugleich aber, wie ungeheuer schwer es noch immer war, zueinander zu finden".

Neben der Außenpolitik kümmerte sich Richard von Weizsäcker um die Parteigrundsätze – die ideale Aufgabe für einen Mann, der sich keinem Flügel zurechnen ließ. Seit 1973 führte er eine Kommission, die ein Grundsatzprogramm für die Partei erarbeitete. Die marktwirtschaftlichen „Düsseldorfer Leitsätze" von 1949 entsprachen schon längst nicht mehr den Anforderungen der Zeit. Aus dem „Kanzlerwahlverein" CDU sollte, so die Vorstellung des Freiherrn und anderer, eine moderne, diskussionsfreudige Volkspartei werden, die dies auch im grundlegenden Programm festschrieb. Freiheit, Solidarität, Gerechtigkeit waren die zentralen Bereiche, die auf breiter Ebene und in zahlreichen Sitzungen diskutiert wurden. Richard von Weizsäcker und seinen Mitstreitern war dabei Erstaunliches gelungen. Er schaffte es, mit seinen Ideen und Vorlagen auch die Parteibasis zu erreichen und einzubinden. Generalsekretär Heiner Geißler, der ebenfalls maßgeblich an dem Programm beteiligt war, sah darin die Möglichkeit für eine geistige Erneuerung der CDU in der Opposition. 1978 stimmte der Bundesparteitag der Union dem Grundsatzprogramm zu.

Richard von Weizsäcker hatte für seine Partei ein neues Fundament geschaffen, das natürlich nicht allen gefiel. Kritiker des Programms bemängelten, dass viel von christlichem Verständnis, aber wenig von Christus die Rede sei; andere kritisierten, dass Formulierungen zu vage seien. Aber Richard von Weizsäcker hatte seine eigenen Vorstellungen, was ein Parteiprogramm leisten könne: „Ein Grundsatzprogramm nimmt nicht selbst die politischen Konkretisierungen vor, sondern es soll die Maßstäbe für die konkreten Entscheidungen liefern, die von Fall zu Fall getroffen werden müssen." Bernhard Vogel, Kultusminister von Rheinland-Pfalz, hatte den Freiherrn und seine Leistung auf einer Wahl-

Carl Friedrich von Weizsäcker im Gespräch mit seinem Bruder Richard.

versammlung im Jahr 1976 so gewürdigt: „Hier steht Richard von Weizsäcker, der die CDU wieder das Denken gelehrt hat."

Dass Richard von Weizsäcker auch in der Politik seinen Humor nicht verloren hat, zeigt eine kleine Anekdote. Mit seinen Kinder verabredete er beim Frühstück, in eine seiner Rede ein unsinniges Wort einzubauen: „Der Tag kam, wir hockten vorm Fernseher, gebannt wie sonst nur bei Bonanza oder der Sportschau", erinnert sich Tochter Beatrice. „Wir lauschten, und wir verstanden nichts, und wir lauschten weiter. Bis endlich das Wort fiel: Feuersalamander! Ein Blick in die Kamera, ein Augenzwinkern, das niemand sah. Aber ich." Richard von Weizsäcker beteuerte, dass die politische Debatte dadurch nicht gestört wurde.

In der Politik fielen ihm neue Aufgaben zu. Nach der programmatischen Arbeit für die Partei war es wiederum Helmut Kohl, 1973 zum Bundesvorsitzenden der CDU aufgestiegen, der ihm eine Kandidatur für das Amt des Regierenden Bürgermeisters von Berlin antrug. Richard von Weizsäcker, im Herzen Berliner, reizte die Aufgabe. „Auch wenn ich die letzten dreißig Jahre am Rhein gelebt hatte und mit meiner Frau und unseren vier Kindern zuletzt in Bonn aufs beste beheimatet war, so waren doch meine älteren und tieferen Wurzeln in Berlin nie ausgetrocknet. Es war die Stadt meiner Kindheit und Soldatenzeit." Dass er mit einer Kandidatur auch Teil eines parteistrategischen Spiels wurde, mag ihm missfallen, letztlich aber nicht gestört haben: 1979 stand die Wahl des nächsten Bundespräsidenten ins Haus. Die Union verfügte in der Bundesversammlung über die Mehrheit. Richard von Weizsäcker war mit seiner Haltung zur Ost- und Deutschlandpolitik vor allem der CSU und seinem Parteivorsitzenden Franz Josef Strauß nicht zu vermitteln. „Strauß grollte mir damals noch wegen meiner entspannungsfreundlichen Haltung, vor allem wegen meiner positiven Einstellung zu den Polen-Verträgen", notierte Richard von Weizsäcker. Eine Kandidatur in Berlin für die Wahlen zum Abgeordnetenhaus im Jahr 1979 kam in dieser Situation gerade recht. „Mit seinem Berliner Angebot an mich entledigte er [Helmut Kohl] sich eines möglicherweise lästig werdenden Problems auf die in Parteiführungen gekonnte Weise, nämlich auf personellen Verschiebebahnhöfen zielsicher zu rangieren", so Weizsäcker. Die West-Berliner Führungsgremien wählten ihn im September 1978 zum Spitzenkandidaten. Doch die Mehrheitsverhältnisse in Berlin reichten noch nicht für einen Regierungswechsel an der Spree. Unter seiner Führung gewann die CDU zwar leicht hinzu und blieb stärkste Fraktion. SPD und FDP konnten ihre Stimmenanteile aber weitgehend halten und bildeten auch den künftigen Senat. Neuer Bundespräsident wurde Karl Carstens.

ACHTES KAPITEL

Sein Dienst am Ganzen

Viele in der Partei hatten es ja schon immer gewusst – Richard von Weizsäcker war ein kluger Redner und Analytiker, aber dass er auch für die Tagespolitik das Rüstzeug mitbrachte, das trauten ihm längst nicht alle zu. Mit ein wenig Schadenfreude wurde von manchen vermerkt, dass sein erster Versuch, die CDU in Berlin auf die Regierungsbank zu bringen, scheiterte. Statt Regierender Bürgermeister an der Spree wurde er Vizepräsident des Bundestages am Rhein.

Aber seitdem Richard von Weizsäcker dem Parlament angehörte, hatte er sich auch in der aktuellen Tagespolitik bewährt, hatte bewiesen, dass er Machtinstinkt besaß, die parteiinternen Grabenkämpfe aushielt und wusste, wie er Ziele erreichen konnte. Seinen ersten Versuch, die Regierungsgeschäfte in Berlin zu übernehmen, hatte er als eine „Befreiung aus der Theorie" empfunden, beim zweiten Anlauf 1981 konnte er sich auf viele ganz praktische Erfahrungen im Ringen um Wählerstimmen stützen. Sein Gegner aus der Sozialdemokratie hieß nicht mehr Dietrich Stobbe, sondern Hans Jochen Vogel, der nach Stobbes Rücktritt in die Bresche gesprungen war und von Januar bis Juni 1981 als Regierender Bürgermeister von Berlin amtierte. Mit dem erfahrenen SPD-Politiker Vogel, ehemaliger Oberbürgermeister von München (1960–1972), Bundesminister für Raumordnung, Bauwesen und Städtebau (1972–1974) und Bundesjustizminister (1974–1981), hatte Richard von Weizsäcker im Wahlkampf ein ganz spezielles „Problem" – beide Politiker waren sich in vielen Politikbereichen und -themen ziemlich einig. Obendrein schätzten sie sich, so dass im Laufe der Zeit ein fast freundschaftliches Verhältnis entstand. Der Wahlkampf in der geteilten Stadt musste also ohne die mittlerweile üblich gewordenen Verunglimpfungen des Gegners auskommen. Er verlief hart, blieb aber weitgehend fair.

Wer sich damals um ein Amt in Berlin bewarb, musste ein dickes Fell haben. Viele Beobachter hielten die Stadt beinah für unregierbar. Parteienfilz, Kreditmisswirtschaft, Gewalt auf den Straßen, Arbeitslosigkeit, eine hohe Ausländerquote und viele Aussteiger, die sich in der Stadt eingerichtet hatten, machten die Kommune – auch jenseits ihrer geografischen Lage und politischen Stellung in Deutschland – zu einer ganz besonderen Herausforderung. Sogenannte Instandbesetzungen leerstehender Häuser waren mittlerweile zu einem ernstzunehmenden Problem geworden. Demonstranten und Polizisten standen sich – längst nicht immer friedlich – gegenüber.

Die Ausgangssituation für einen neuen Senat konnte kaum schwieriger sein, zumal sich auch die bis dato oppositionelle CDU lange Jahre nicht im besten Zustand präsentiert hatte. Nach der Wahl, die die CDU mit 48 Prozent der Stimmen (gegenüber 44,4 Prozent 1979) klar gewann, die absolute Mehrheit allerdings verfehlte, bildete Richard von Weizsäcker eine CDU-Minderheitsregierung, die von der FDP unterstützt wurde. Erst 1983, nachdem sich die politische Großwetterlage gewandelt hatte, gingen die Freidemokraten eine Koalition mit der CDU ein. Zu Beginn seiner Amtszeit machte sich Richard von Weizsäcker mit einer eigenwilligen Personalpolitik nicht nur Freunde. Er holte „Westimporte" in die geteilte Stadt und brüskierte dadurch so manchen einheimischen Politiker, der auf einen Karrieresprung gehofft hatte.

Berlin war immer auch etwas Besonderes, barg ganz besondere Chancen und hatte hohen Symbolwert, wie Richard von Weizsäcker ein paar Jahre später in seiner Rede anlässlich der Vereidigung zum Bundespräsidenten im Deutschen Bundestag hervorhob: „Trotz Zerstörung, Teilung und isolierter Lage ist Berlin der Platz geblieben, der uns – wie kein anderer – Maßstäbe für unser Denken und Handeln gibt. Bald nach dem Krieg wurde die Stadt unter notvollem Druck von außen zum Symbol der Freiheitsliebe der Menschen. Unter gegenseitigem Respekt wurden dort aus ehemaligen Kriegsgegnern Freunde." Und weiter: „In Berlin leben die wichtigsten Impulse der Zusammengehörigkeit aller Deutschen. Nirgends erklärt sich der notwendige Zusammenhang von Schutz der Freiheit im Bündnis und von friedlicher Entspannung nach Osten so selbstverständlich wie in Berlin. In Berlin hat sich auch gezeigt, dass Ost und West sich auch dort über praktische Regelungen verständigen können, wo prinzipielle Meinungsverschiedenheiten zurzeit nicht überbrückbar sind."

Durchaus kritisch begrüßte die Presse den neuen Senat, dem kompromisslose und unverhältnismäßig harte Vorgehensweisen bei der Lösung der anstehenden Probleme unterstellt wurden. Diejenigen, die in Richard von Weizsäcker lediglich einen charmanten Schönredner sahen, wurden schon mit Aufnahme der Arbeit überrascht. Der Freiherr tat, was ihn seit jeher auch auszeichnete, manchmal aber übersehen wurde: Er ging mit großem Eifer, hohem Arbeitseinsatz, den er auch von seinen Mitarbeitern einforderte, und klarem Konzept ans Werk. Berlin wurde wieder regiert und die Menschen spürten, dass zwar nicht alle Schwierigkeiten in kürzester Zeit verschwinden konnten, die Probleme aber wieder lösbar schienen. Nicht alles gelang Richard von Weizsäcker, aber das Klima besserte sich.

Es wurde eine harte Linie bei der Beendigung der Hausbesetzungen gefahren. Mit Innensenator Heinrich Lummer hatte Richard von Weizsäcker einen konservativen Hardliner im Senat, der sich hervorragend als Feindbild der Linken eignete. Als im Zuge einer Hausräumung im September 1981 ein Mann zu Tode kam, brachen schwere Krawalle aus.

Eines der zentralen Themen des neuen Senats war es, Rechtsunsicherheit vor allem beim Thema Hausbesetzungen zu beseitigen. Oberstes Gebot musste es sein, so Richard von Weizsäcker in seiner ersten Regierungserklärung, „den Rechtsfrieden konsequent wiederherzustellen, also einen Frieden durch das Recht, nicht neben ihm". Das war leichter gesagt als getan und erforderte Konsequenz sowie Gesprächsbereitschaft auf beiden Seiten. Auch gegen Kritik setzte Richard von Weizsäcker seine Linie durch. Viele besetzte Häuser wurden geräumt, einige in legale Wohnprojekte umgewandelt.

Neben den Problemen in Berlin widmete Richard von Weizsäcker sich nach wie vor und intensiv seinen kirchlichen Aufgaben. Er gehörte zu dieser Zeit dem Rat der Evangelischen Kirche an und stand erneut dem Deutschen Evangelischen Kirchentag vor. Dies war ungewöhnlich genug, denn sowohl politisches wie kirchliches Engagement erforderten viel Zeit und Energie. Es gab jedoch auch unbestreitbare Vorteile. „Er konnte als evangelischer Christ und Kirchenmann ganz ungeniert Grenzen überschreiten, die dem Regierenden Bürgermeister von Amts wegen gesetzt sind", schrieb Martin Kruse, damals Bischof von Berlin-Brandenburg über die positiven Auswirkungen der doppelten Arbeitsbelastung. Bemerkenswert war es, dass Richard von Weizsäcker sowohl im Rat der Evangelischen Kirche als auch in der Kirchentagsbewegung aktiv blieb, somit in der Amtskirche und in der Laienbewegung „mitregierte". Im Jahr seines Amtsantritts als Regierender Bürgermeister von Berlin fand unter seiner Verantwortung der Kirchentag in Hamburg statt. Das Laientreffen in der Hansestadt war angesichts der aufgeheizten politischen Atmosphäre im Vorfeld mit Sorge betrachtet worden, das Motto „Fürchte dich nicht" eine Nachricht, die passgenau dem Zeitgeist entsprach.

Die Friedensbewegung hatte mobil gemacht. Gegen weitere Aufrüstung, den NATO-Doppelbeschluss und für eine Bewahrung des Friedens gingen hunderttausende auf die Straßen. Auch der Kirchentag konnte und wollte sich den Sorgen, die so viele Menschen in Deutschland umtrieben, nicht entziehen, so dass das Thema Frieden einen zentralen Raum einnahm. Die Furcht vor einer Politisierung des Treffens erfüllte sich zum Glück nicht. Bundesverteidigungsminister Hans Apel wurde zwar zum Ziel von Eierwerfern, damit aber erschöpfte sich der Aktionismus. Am Rande des

Kirchentags fanden Demonstrationen und Friedensmärsche statt. Mehr als 100 000 Dauerteilnehmer kamen zu dem Treffen in die Hansestadt, so viele wie seit den fünfziger Jahren nicht mehr.

1983 wurde zu einem herausragenden Jahr. Die „geistig-moralische Wende" des CDU-Chefs Helmut Kohl erhielt im März ihre Legitimation durch den Wähler. Im Oktober des Vorjahres war die sozialliberale Koalition mit Helmut Schmidt als Bundeskanzler zerbrochen. Die Grünen schafften den Sprung ins Parlament. Friedensbewegte, unter ihnen Prominente wie der Schriftsteller Heinrich Böll oder der Pfarrer Heinrich Albertz, blockierten amerikanische Militärdepots in Deutschland. Auch Richard von Weizsäcker setzte Zeichen und unternahm einen Schritt, den er als Regierender Bürgermeister von Berlin nur nach Absprache mit den Alliierten gehen durfte. Im September 1983 traf er sich mit dem Generalsekretär der SED, Erich Honecker. Es war das erste Treffen der beiden Politiker. Richard von Weizsäcker wollte im Reise- und Besuchsverkehr Erleichterungen für die Menschen erzielen. Das Treffen mit Erich Honecker im Schloss Niederschönhausen hat Richard von Weizsäcker wenig inspiriert, seinen Gesprächspartner charakterisierte er später so: „Er wirkte unpolemisch und nicht unliebenswürdig, aber unverbindlich und alles andere als kurzweilig. Elektrische Funken gingen von ihm nicht aus."

Noch im gleichen Monat gelang Richard von Weizsäcker ein weiteres Kunststück. Der Regierende Bürgermeister durfte einer kirchlichen Einladung nachkommen und nach Wittenberg reisen, nachdem an höchster Stelle, im Politbüro der SED, über den ungewöhnlichen Plan beraten worden war. In der Lutherstadt fand einer von mehreren regionalen Kirchentagen in der DDR statt. Anlass war der 500. Geburtstag des Reformators, der nun auch zwischen Ostsee und Erzgebirge gefeiert werden durfte und sogar ganz offiziell mit zwei Briefmarken gewürdigt wurde. Die Regierung in Ost-Berlin hatte sich entschlossen, die großen Söhne und Töchter der deutschen Geschichte nicht weiter zu verunglimpfen oder der Bundesrepublik zu überlassen, sondern sie in das eigene geschichtliche Erbe einzugliedern – auch die Menschen im Sozialismus sollten nicht auf Traditionen verzichten müssen. Nicht nur Luther erging es so, auch Bach und Goethe wurden beansprucht. Durch einen symbolischen Akt schaffte der Kirchentag in Wittenberg, der sich unter anderem auch dem Thema „Frieden schaffen" widmete, den Sprung in die Geschichtsbücher: Mit Hammer und Amboss wurden „Schwerter zu Pflugscharen" umgeschmiedet. Das biblische Wort war seit geraumer Zeit zum Motto der Friedensbewegten in der DDR geworden. Aufnäher und Plakate zeigten neben dem Bibelwort das gleichnamige Mahnmal im Park der Vereinten Nationen in New York, ein Geschenk der Sowjetunion an die Weltorganisation. Richard von Weizsäcker wohnte der symbolträchtigen Aktion auf dem ehemaligen Klostergelände bei; wohl deshalb griffen die Staatsorgane nicht ein. Der Regierende Bürgermeister und Kirchenmann durfte in Wittenberg auch vor tausenden Menschen sprechen. Dabei ging es weniger um Abrüstung, „sondern einfach nur um eine überwältigend eindrucksvolle Bekundung des Gefühls der Zusammengehörigkeit", erinnert er sich.

Gastgeber des Treffens in Wittenberg war Pfarrer Friedrich Schorlemmer, aktiv in der oppositionellen Bürgerbewegung, später Friedenspreisträger des Deutschen Buchhandels. „Wer die ganze Zeit im Westen gelebt hat, tut gut daran, sorgfältig auf Friedrich Schorlemmer zu hören. Er wird dabei immer etwas lernen", sagte Richard von Weizsäcker über den Prediger an der Schlosskirche zu Wittenberg und Mitgründer der Gruppe „Demokratischer Aufbruch" 1989 in Dresden. Was Schorlemmer an Richard von Weizsäcker in besonderem Maße schätzt, beantwortete er im Januar 2010 so: „Seinen würdigen Umgang mit dem Wort bewundere ich. Nicht zu viel reden, sondern etwas Zutreffendes knapp sagen, in einfachen Sätzen, die nichts vereinfachen. Seine große Begabung ist Zuhörenkönnen: neugierig, genau, zugewandt. Mit- und weiterdenkend." Schorlemmer betont, dass Weizsäcker gut kritisieren, aber ebenso gut ermutigen und motivierend loben könne. „Er kann dem gemeinen Mann auf der Straße durchaus nahe sein, ohne sich je populistisch gemein zu machen. Wer wissen will, was ein Protestant im gelebten ‚Priestertum aller Gläubigen‘ ist, der sehe darauf, wie Richard von Weizsäcker seine Begabung in Verantwortung vor Gott und den Menschen – auch mutig! – eingesetzt hat", so Schorlemmer, der sich an den Kirchentag in Wittenberg erinnert: „Am 25. September 1983 rief er 15 000 Kirchentagsteilnehmern zu: ‚Wir leben hüben und drüben unter verschiedenen Bedingungen, gesellschaftlichen Systemen und persönlichen Spielräumen. Aber wir sind hüben und drüben Deutsche, wenn auch in zwei Staaten.‘ Tausenden standen die Tränen in den Augen. Wir sind nicht vergessen. Wir gehören doch zueinander."

Hinter den Kulissen der Union drehte sich 1983 das Personalkarussell – die CDU-Granden rangen um den nächsten Präsidentschaftskandidaten, denn Bundespräsident Karl Carstens stand zur Überraschung vieler für eine zweite Amtzeit nicht zur Verfügung. Ernst Albrecht wurde als mögliches neues Staatsoberhaupt genannt, auch Richard von Weizsäcker, aber die offizielle Nominierung blieb aus. In der Bundesversammlung hatte die Union die Mehrheit. Parteichef Helmut Kohl lavierte aus parteitaktischen Gründen, wollte unter anderem die CDU-Regierung in Berlin nicht durch einen Wechsel Richard von Weizsäckers ins Bundespräsidentenamt schwächen. Weizsäcker selbst schwieg über seine Aussichten, ins höchste Staatsamt gewählt zu werden. „Nur einmal antwortete ich einem besonders hartnäckigen Journalisten, bisher seien alle meine Vorgänger aus dem Schöneberger Rathaus in den Himmel oder nach Bonn gekommen; ich überlegte noch, wofür ich mich entschiede, zumindest in welcher Reihenfolge." Es drohte eine Hängepartie, die Richard von Weizsäcker nur schaden konnte. Die Situation eskalierte. Beim Fußballländerspiel Deutschland gegen die Türkei (5:1) trafen Kohl und Weizsäcker im Berliner Olympiastadion aufeinander: „Sie beginnen sofort zu streiten. Keiner auf der Ehrentribüne wagt sich in ihre Nähe; sie sind ganz mit sich selbst beschäftigt. Weizsäcker zeigt im Verlauf des Gesprächs Kohl den Artikel Quays [Redakteur der Bonner Rundschau, die getitelt hatte: ‚Kanzler will Albrecht als Bundespräsident‘] und fordert ein sofortiges Dementi. Er lasse sich nicht reinlegen. Kohl schnaubte wütend vor sich hin, da pfeift der Schiedsrichter das Spiel an und beide Politiker fallen in tiefe Schweigsamkeit.“

Schließlich preschte CSU-Chef Franz Josef Strauß, der den Freiherrn schon mal spöttisch einen „ökumenischen Weltbischof“ genannt hatte, vor und erklärte seine Unterstützung für den Kandidaten Richard von Weizsäcker. Wenige Tage später folgte Helmut Kohl.

Richard von Weizsäcker legte sein Amt als Regierender Bürgermeister von Berlin im Februar 1984 nieder. Er hatte der Stadt neue Impulse, den Menschen Perspektiven gegeben. Kunst und Kultur hatten einen Aufschwung erfahren. Richard von Weizsäcker hatte allein und zusammen mit seiner Frau Marianne häufig das vielseitige Angebot der Theater, Opernbühnen und Konzerthallen genutzt.

Manche Berliner Parteikollegen sahen mit Sorge, dass Richard von Weizsäcker seinen Posten in der geteilten Stadt räumte. Dem designierten, eher farblosen Nachfolger Eberhard Diepgen trauten viele nicht zu, sein Erbe anzutreten.

Acht Artikel widmet unser Grundgesetz direkt dem Staatsoberhaupt. Sie regeln die Wahlmodalitäten durch die Bundesversammlung, beschreiben nur spärlich die Befugnisse des Präsidenten und geben indirekt Auskunft über die Grenzen seiner Macht. So bedürfen seine Anordnungen und Verfügungen der Gegenzeichnung durch den Bundeskanzler oder durch den zuständigen Bundesminister. Davon ausgenommen ist selbstredend die Ernennung und Entlassung des Bundeskanzlers sowie die Auflösung des Bundestags. Das Staatsoberhaupt vertritt den Bund völkerrechtlich, ernennt und entlässt Bundesrichter, Bundesbeamte, Offiziere und Unteroffiziere, soweit gesetzlich nichts anderes bestimmt ist und übt das Begnadigungsrecht aus. Weitere Kapitel des Grundgesetzes bestimmen, dass Bundeskanzler und Bundesminister vom Präsidenten ernannt werden, dass das Staatsoberhaupt unter bestimmten Bedingungen den Bundestag auflösen kann und Gesetze von ihm gegengezeichnet werden. Zudem darf das Oberhaupt der Bundesrepublik auch Orden und Ehrenzeichen verleihen.

Politik wird an anderer Stelle gemacht. Die Richtlinienkompetenz liegt klar beim Bundeskanzler. Das wichtigste Verfassungsorgan ist der Bundestag, der Gesetze beschließt und den Willen des Volkes repräsentiert. Über den Bundesrat sind die Länder an der politischen Gestaltung beteiligt.

Die rechtliche und politische Grundordnung, die das Zusammenspiel der verschiedenen Akteure regelt und 1949 eigentlich als Provisorium beschlossen worden war, hat sich – natürlich mit Ergänzungen und Änderungen – bis in die Gegenwart gehalten. Sie ist das Ergebnis aus den Erfahrungen der Weimarer Republik sowie des nationalsozialistischen Regimes. Die Rolle und Funktion des Bundespräsidenten sind in keiner Weise mit der machtvollen Stellung des früheren Reichspräsidenten vergleichbar, die – bei Missbrauch – zum Niedergang des parlamentarischen Systems beitragen kann. Dass dies in der Vergangenheit geschehen konnte, hatte den Parlamentarischen Rat zu neuen und klaren Rollen- sowie Machtverteilungen veranlasst. Die Väter und Mütter des Grundgesetzes waren sich einig, dass das Staatsoberhaupt der Bundesrepublik weitgehend machtlos und mit überwiegend repräsentativen Pflichten ausgestattet sein dürfe. Nur einmal, 1959, gedachte der damalige Bundeskanzler Konrad Adenauer, der auf den Präsidentenstuhl zu wechseln beabsichtigte, das Amt mit mehr machtpolitischem Einfluss zu versehen. Zum Konflikt kam es nicht, da er seine Kandidatur zurückzog und sich wie ehedem der Regierungsarbeit widmete.

Einfluss kann ein Bundespräsident, der sein Parteimandat während seiner Amtszeit ruhen lässt, aber durchaus erlangen, allerdings auf völlig andere Weise als der dem Partei- und Politikalltag verpflichtete Kanzler. Vor allem durch seine

Reden kann er den politischen Diskurs anregen, durch seine Besuche in aller Welt das Renommee Deutschlands steigern und durch seine persönliche Autorität das Vertrauen in Politik und Demokratie stärken. Den Vorgängern Richard von Weizsäckers – Theodor Heuss, Heinrich Lübke, Gustav Heinemann, Walter Scheel und Karl Carstens – war dies mit unterschiedlicher Fortune und Nachhaltigkeit gelungen.

Die Bundesversammlung wählte Richard von Weizsäcker am 23. Mai 1984 mit einer bemerkenswerten Mehrheit zum sechsten Bundespräsidenten der Bundesrepublik Deutschland, ein Ausdruck der parteiübergreifenden Wertschätzung für den Freiherrn und seine bislang geleistete Arbeit. 832 von 1 028 Stimmen entfielen auf ihn. Am 1. Juli wurde er vor den Abgeordneten des Bundestags und des Bundesrats in einer gemeinsamen Sitzung vereidigt.

Sein Dienst am Ganzen, dem er sich seit jeher viel mehr verpflichtet sah als beispielsweise der Partei, konnte nun an höchster Position im Staat weitergeführt werden. Das herausragende Wahlergebnis war auch ein Ausdruck der Hoffnung auf seine Integrationskraft. In seiner Antrittsrede ließ er in wohlgesetzten Worten über die aktuellen Problem- und Politikfelder erkennen, wie er sein neues Amt zu interpretieren gedachte: „Es kommt meinem Amt zu, Fragen zu stellen und die Arbeit für Antworten auf sie zu ermutigen, nicht aber Rezepte anzubieten." Und er sprach viel über Maßstäbe: „Unsere Nachfahren werden nicht fragen, welche Zukunftsvisionen wir für sie bereithielten; sie werden wissen wollen, nach welchen Maßstäben wir unsere eigene Welt eingerichtet haben, die wir ihnen hinterlassen", und „Maßstäbe für den Umgang untereinander ergeben sich aus den Erfahrungen während der Kindheit. Maßgeblich dafür ist das Beispiel der Älteren in der Familie, sind die Schulen, ist aber auch das Fernsehen".

Politische Orientierung zu finden war in diesen Zeiten wahrlich nicht so einfach. Unappetitliche Verfilzungen und Vorkommnisse hatten Politik und Wirtschaft erschüttert. Das

Vertrauen der Bundesbürger in Volksvertreter und Manager war in einem beängstigenden Sinkflug. Der Skandal um die gewerkschaftseigene Wohnungsbaugesellschaft Neue Heimat, die Flick-Spendenaffäre und das Desaster um die vorzeitige Versetzung des Vier-Sterne-Generals Günter Kießling in den Ruhestand ließen so manchen Bundesbürger daran zweifeln, ob die Akteure noch das richtige Augenmaß und die angemessene Orientierung für ihre Aufgaben zur Hand hatten. All dies ereignete sich in einer Zeit des grundlegenden Wandels – in der Gesellschaft, aber auch, was die Eckdaten der internationalen Politik betraf. Zudem war die Friedensbewegung entstanden, wurde Aufrüstung, US-amerikanische SDI-Pläne und die Kernenergie kontrovers diskutiert. Mit den Grünen war 1983 eine neue Partei ins Parlament gezogen und brachte neue Gesichter sowie ungewohnte Umgangsformen ins ehrwürdige Haus mit. Das Zeitalter der ausschließlich öffentlich-rechtlichen Rundfunkanstalten neigte sich dem Ende zu. Satellitenfernsehen und erste Kabelprogramme markierten den Start in ein neues Medienzeitalter.

Mit seiner Antrittsrede hat Richard von Weizsäcker nicht nur sein Verständnis von den Aufgaben des Staatsoberhaupts genannt, sondern auch den Themen-Kanon beschrieben, um den sich Politik, Wirtschaft und Gesellschaft kümmern müssen.

Reisen und Reden – das waren in der Folgezeit die wichtigsten Disziplinen Richard von Weizsäckers. Seine erste Auslandsreise führte ihn nach Frankreich, wie es in Zeiten enger deutsch-französischer Freundschaft üblich war. Seit der Ära von Charles de Gaulle und Konrad Adenauer hatte sich das Verhältnis der ehemaligen Kriegsgegner deutlich entspannt – auch wenn es immer mal wieder zu Irritationen kam. Schon Anfang der fünfziger Jahre war die Schaffung der Europäischen Gemeinschaft von Kohle und Stahl (EGKS), Nukleus der späteren Europäischen Union, ein von Frankreich initiierter Schritt in Richtung Verständigung. Mit dem Élysée-Vertrag 1963 wurde eine tragfähige und überzeugende Basis für die weitere gemeinsame Kooperation geschaffen. Alle Bundespräsidenten sehen es seither als ihre Pflicht an, die erste Auslandsreise nach Frankreich zu unternehmen. Richard von Weizsäckers zog nach seinem ersten Staatsbesuch eine positive Bilanz und betonte die Rolle und Verantwortung Deutschlands: „Stark interessieren sich die Franzosen auch für die deutsch-deutschen Beziehungen. Ich habe in Frankreich deutlich gemacht, dass die Bundesrepublik unwiderruflich zur Europäischen Gemeinschaft und Atlantischen Allianz gehört – aufgrund unserer gemeinsamen Werte von Freiheit und Menschenrecht. Aber ich habe auch deutlich gemacht, dass gerade aus dieser Freiheit auch die Verantwortung folgt, die wir aufgrund der menschlichen und familiären Bindungen für die Menschen in der DDR empfinden."

Richard von Weizsäcker war noch nicht allzu lange in Amt und Würden, da begann er mit den Vorbereitungen zu einer Rede, von der er noch nicht wissen konnte, dass es seine nachhaltigste, politischste und persönlichste werden sollte. Mit dem 8. Mai 1985 stand ein ganz besonderer Jubiläumstag an. Vor exakt 40 Jahren hatte der Zweite Weltkrieg sein Ende gefunden, war die Kapitulation des Deutschen Reiches in Kraft getreten, war das nationalsozialistische Regime von den Alliierten unter größten Opfern endgültig in die Knie gezwungen worden.

Seit dem Ende des Weltkriegs waren die Feierlichkeiten zum 8. Mai immer auch Ausdruck der unterschiedlichen politischen Positionen. Ost und West, die mit Sieges- und Gedenkfeiern, Erklärungen und Reden des Tages gedachten, betonten immer wieder ihre konträren Standpunkte zur deutschen Teilung. Moskau und Ost-Berlin akzeptierten die Teilung als Ergebnis des Zweiten Weltkriegs und erkannten die politischen Realitäten an, die westlichen Siegermächte mit der Bundesrepublik Deutschland wiesen immer wieder mit Nachdruck darauf hin, dass die deutsche Frage selbstverständlich offen sei.

In den achtziger Jahren spürte man in Deutschland einen neuen Mut, sich der Vergangenheit zu stellen. Die 68er hatten maßgeblich dazu beigetragen, dass das gesellschaftliche Klima im Wandel war. Mit wachsendem zeitlichen Abstand war nicht mehr die Verdrängung der NS-Zeit der erste und oftmals einzige Reflex, sondern vielmehr eine immer differenzierter werdende Aufarbeitung dieser Epoche das Gebot der Stunde. Auch im privaten Kreis nahm die Bereitschaft zu, sich detailliert der Kriegs- und Nachkriegzeit zu stellen. Vor allem in vielen Familien der Flüchtlinge und Vertriebenen blieb die Vergangenheit stets präsent, berichteten Großeltern über die alte Heimat. Jenseits einer revanchistischen Haltung ging es schlicht darum – meist ein Leben lang – den schmerzlichen Verlust durch Erzählungen und Treffen mit früheren Freunden wenigstens ein wenig zu kompensieren. Auch die Medien trugen in bemerkenswerter Weise dazu bei, die Vergangenheit aufzuarbeiten. Die vierteilige Fernsehserie „Holocaust – Die Geschichte der Familie Weiß" rüttelte viele Menschen auf und regte Diskussionen in der Öffentlichkeit an. Bemerkenswert, dass der Film aus den USA kommen musste.

Für die Weltpolitik war 1985 ein besonderes Jahr. Am 11. März wählte das Zentralkomitee der Kommunistischen Partei der Sowjetunion den erst fünfundvierzigjährigen Michail Gorbatschow zum Generalsekretär. Er trat die Nachfolge von Konstantin Tschernenko an, der im Alter von dreiundsiebzig Jahren und nach nur 13-monatiger Amtszeit verstorben war. In seiner Antrittsrede sprach Gorbatschow zwar von notwendigen Veränderungen und Umgestaltungen, dass mit seinem Amtsantritt aber tatsächlich eine neue Epoche der Weltgeschichte beginnen sollte, an deren Ende die Teilung Deutschlands und die Spaltung Europas überwunden werden konnte, war zu dieser Zeit noch nicht ersichtlich.

Der „Spiegel" titelte „Ein roter Star steigt auf im Osten" und jubelte: „Die Zeit der Wirren ist vorbei, die Gerontokratie zu Ende." Dem relativ jungen Gorbatschow stand der vierundsiebzigjährige US-Präsident Ronald Reagan gegenüber. Der gelernte Sportreporter und Hollywood-Schauspieler fuhr einen konservativen Kurs, plante mit SDI den „Krieg der

Sterne" und vertrat eine Politik der Stärke gegenüber der Sowjetunion, die er als „Reich des Bösen" brandmarkte.

Die Frage, wie der 40. Jahrestag des Kriegsendes angemessen begangen werden sollte, bestimmte auch in Deutschland die politischen Debatten und Kommentare. Sollte es gemeinsame Feiern der vier Siegermächte geben oder sollte eine Verbindung des kurz vor dem Gedenktag in Bonn stattfindenden Weltwirtschaftsgipfels mit dem 8. Mai hergestellt werden? Richard von Weizsäcker wandte sich dagegen, dass Reagan im Rahmen eines Deutschlandbesuchs womöglich eine Rede im Bundestag zum 40. Jahrestag halten könnte. Er sprach sich vielmehr dafür aus, dass jede Nation für sich den Gedenktag begehen sollte – mit ihren jeweils ganz unterschiedlichen Ansprüchen und Gefühlen.

Der Aufenthalt Reagans Anfang Mai in Deutschland war gut gemeint, hinterließ politisch aber einen Scherbenhaufen. Neben dem ehemaligen Konzentrationslager Bergen-Belsen besuchte er gemeinsam mit Bundeskanzler Helmut Kohl am 5. Mai den deutschen Soldatenfriedhof in Bitburg. Da hier auch Angehörige der Waffen-SS beerdigt worden waren, kam es zu heftigen Kontroversen. Das internationale Echo war verheerend, Reagan hatte mit Kritik im eigenen Land zu kämpfen. Und auch Kohl kam nicht ungeschoren davon. Die Deutschen würden eben doch nicht aus ihrer Geschichte lernen, hieß es vielerorts zu der eigenwilligen und für viele unverständlichen Geste.

Angesichts dieser innen- und außenpolitischen Spannungsfelder bereitete Richard von Weizsäcker sich preußisch-akribisch auf seine Ansprache im Plenarsaal des Bonner Parlaments vor. Mehrere Monate lang holte er Meinungen und Anregungen ein, diskutierte mit Juden und Heimatvertriebenen über das nationalsozialistische Regime und seine Folgen. Sein Pressesprecher Friedbert Pflüger schrieb, dass der Bundespräsident in dieser Zeit mit führenden Vertretern des Zentralrats der Juden in Deutschland sprach, die darum baten, „dass Weizsäcker darauf verzichten möge, die in letzter Zeit in Mode gekommene Aufrechnung der Verbrechen an Juden und Vertriebenen vorzunehmen". Das Vorgehen Richard von Weizsäckers zeigte eindrucksvoll, dass er sich dem Rat anderer aufgeschlossen zeigte und stets bereit war, von anderen zu lernen.

Was aber konnte seine Aufgabe von der unterscheiden, die auch schon andere Politiker, andere Bundespräsidenten vor ihm gehabt haben? In einer Zeit, in der sich ein Wandel in der internationalen Politik anbahnte, in der, wie Richard von Weizsäcker notierte, „jeder das Knistern einer Veränderung im Gebälk des Ost-West-Konflikts hören" konnte, kam der bevorstehenden Rede eine weit über die Grenzen des Landes hinausgehende Bedeutung zu. Die Frage nach der Vergangenheit und nach der Verantwortung stellte sich wieder einmal – und sie musste konsequent und in einer deutlichen Sprache beantwortet werden. Richard von Weizsäcker ließ keinen Zweifel daran, welche Intention ihn umtrieb: „Wir Deutsche begehen den Tag unter uns, und das ist notwendig. Wir müssen die Maßstäbe allein finden." Er beschrieb mit klaren Worten, was das Kriegsende bedeutet hatte: „Der 8. Mai ist für uns Deutsche kein Tag zum Feiern. Die Menschen, die ihn bewusst erlebt haben, denken an ganz persönliche und damit ganz unterschiedliche Erfahrungen zurück. Der eine kehrte heim, der andere wurde heimatlos. Dieser wurde befreit, für jenen begann die Gefangenschaft. Viele waren einfach nur dankbar, dass Bombennächte und Angst vorüber und sie mit dem Leben davongekommen waren. Andere empfanden Schmerz über die vollständige Niederlage des eigenen Vaterlandes. Verbittert standen Deutsche vor zerrissenen Illusionen, dankbar andere Deutsche vor dem geschenkten neuen Anfang." Dann sagte er: „Und dennoch wurde von Tag zu Tag klarer, was es heute für uns alle gemeinsam zu sagen gilt: Der 8. Mai war ein Tag der Befreiung. Er hat uns alle befreit von dem menschenverachtenden System der nationalsozialistischen Gewaltherrschaft. Niemand wird um dieser Befreiung willen vergessen, welche schweren Leiden für viele Menschen mit dem 8. Mai erst begannen und danach folgten.

8. Mai 1985: Richard von Weizsäcker bei seiner berühmten Rede vor dem Deutschen Bundestag 40 Jahre nach dem Ende des Zweiten Weltkriegs.

Aber wir dürfen nicht im Ende des Krieges die Ursache für Flucht, Vertreibung und Unfreiheit sehen. Sie liegt vielmehr in seinem Anfang und im Beginn jener Gewaltherrschaft, die zum Krieg führte. Wir dürfen den 8. Mai 1945 nicht vom 30. Januar 1933 trennen."

In bemerkenswerter Art gedachte er der sechs Millionen ermordeter Juden, aller Toten des Krieges und der Gewaltherrschaft und erinnerte an das Leid in Bombennächten, durch Flucht und Vertreibung. Und er stellte klar: „Der Völkermord an den Juden jedoch ist beispiellos in der Geschichte."

In seiner Rede zitierte Richard von Weizsäcker eine alte jüdische Weisheit: „Das Vergessenwollen verlängert das Exil, und das Geheimnis der Erlösung heißt Erinnerung." Und weiter: „Die Erinnerung ist die Erfahrung vom Wirken Gottes in der Geschichte. Sie ist die Quelle des Glaubens an die Erlösung. Diese Erfahrung schafft Hoffnung, sie schafft Glauben an Erlösung, an Wiedervereinigung des Getrennten, an Versöhnung. Wer sie vergisst, verliert den Glauben."

Was die Rede trug und glaubwürdig werden ließ, war der Umstand, dass seine Aussagen und Schlussfolgerungen in einer klaren ethischen Grundhaltung begründet waren, die ihre Wurzeln im christlichen Menschenbild haben. Und in den Erfahrungen, die er selbst im Zweiten Weltkrieg gewonnen hatte – er wusste, wovon er sprach.

Richard von Weizsäcker hat mit seiner Rede maßgeblich dazu beigetragen, dass sich die Deutschen der Vergangenheit stellen, sich erinnern, sie nicht „bewältigen", weil dies unmöglich ist. Seit den fünfziger Jahren war der Begriff „Vergangenheitsbewältigung" in Gebrauch, der die Bemühungen um eine Auseinandersetzung mit dem Nationalsozialismus zusammenfasste, letztlich aber wenig dazu beitragen konnte, konsequent Schlüsse aus der Vergangenheit zu ziehen. Schon bald nannte man die Ansprache nur noch und mit Hochachtung „die Rede".

Viele hielten sie für eine Sternstunde im Parlament und der Nachkriegsgeschichte. Die Rede wurde zigtausendfach nachgedruckt und verteilt, sie war als Schallplatte und Video-kassette zu haben, fand Eingang in Schulbücher und wurde in zahlreiche andere Sprachen übersetzt. Es folgte aber nicht nur Jubel. Vor allem rechte Kreise missbilligten die Formulierung, dass der 8. Mai ein Tag der Befreiung gewesen sei. Richard von Weizsäcker hatte sich ausdrücklich gegen die von vielen Rednern zuvor benutzte Formel entschieden, den 8. Mai sowohl als Tag der Befreiung als auch als Tag der Niederlage zu werten. Viele Kritiker der Weizsäcker-Rede sprangen in ihren Betrachtungen und Anfeindungen schlicht zu kurz. Sie konzentrierten sich auf einzelne Passagen, an denen sie sich kritisch abarbeiteten, ohne die differenzierten Aussagen des Bundespräsidenten angemessen zu würdigen. Der Vorwurf, er habe die These der Kollektivschuld vertreten, war Unsinn. Weizsäcker hatte unmissverständlich erklärt: „Schuld oder Unschuld eines ganzen Volkes gibt es nicht. Schuld ist, wie Unschuld, nicht kollektiv, sondern persönlich."

Auf dem 21. Evangelischen Kirchentag 1985 in Düsseldorf, der unter dem Motto „Die Erde ist des Herrn" stand, sprach Richard von Weizsäcker über „Die Deutschen und ihre Iden-tität". Er rief zu einem mutigen und offenen Umgang mit der Geschichte auf und schlussfolgerte: „Der Weg in die Zukunft liegt nicht fest. Er ist dunkel und offen zugleich. Es liegt an uns, auf seine Richtung einzuwirken. Der Mensch ist frei. Es ist unsere Sache, dem Begriff ‚deutsch' einen Inhalt zu geben, mit dem wir selbst und mit dem die Welt gern und in Frieden leben kann."

Seine Staatsbesuche führten Richard von Weizsäcker 1985 unter anderem in die Niederlande und nach Norwegen. Dann folgte eine ganz besondere Auslandsvisite. Zum ersten Mal in der Geschichte der Bundesrepublik Deutschland reiste mit Richard von Weizsäcker ein Staatsoberhaupt nach Israel – und dies wenige Monate nach seiner Rede zum 8. Mai 1945. Seit Aufnahme der diplomatischen Beziehungen im Jahr 1965 hatte es einen regen Besuchsverkehr auf Regierungsebene ge-geben. Für einen Staatsbesuch war die Zeit aber erst 1985 reif.

Richard von Weizsäcker war nicht das erste Mal in Israel. Als David Ben Gurion, erster Ministerpräsident Israels, 1973 starb, hatte er zur deutschen Delegation gehört, die an der Trauerfeier teilnahm. Er unterhielt zu Teddy Kollek, Bürgermeister von Jerusalem, seit Jahren Kontakt. Neben den politischen Verbindungen hatten die Weizsäckers auch private Drähte nach Israel: Zwei der Kinder hatten mehrere Wochen in einem Kibbuz gelebt und gearbeitet.

Beim ersten Staatsbesuch war vor allem bedeutsam, dass er, 40 Jahre nach dem Ende des Zweiten Weltkriegs, überhaupt stattfand. Der Holocaust lastete auf den Beziehungen zum jüdischen Staat. Seit Jahren hatte sich zwar ein weitverzeigtes Netzwerk mit zahlreichen Kontakten auf politischer und gesellschaftlicher Ebene entwickelt. Aber: Eine unbedachte Äußerung konnte schnell alte Wunden aufreißen und zu Verstimmungen führen.

Staatspräsident Chaim Herzog lobte bei der Ankunft Richard von Weizsäckers in Israel dessen Rede zum 8. Mai und pries den Bundespräsidenten als einen Freund Israels. Sein Besuch in Israel wurde als richtungweisendes Ereignis gewürdigt, manche sprachen von einem historischen. Der Besuch von Bundeskanzler Helmut Kohl im Januar 1984, bei dem er vor der Knesset von der „Gnade der späten Geburt" gesprochen hatte, war weitaus schlechter bei den israelischen Gastgebern angekommen.

Der Bundespräsident setzte in Israel ein medienwirksames Zeichen der Aussöhnung. Am Van-Leer-Institut stellte er sich einer Diskussionsrunde mit jungen Israelis, unter ihnen die 29-jährige Lehrerin Yael Gouri, die sich durch besonders kritische Fragen auszeichnete. Nach der Veranstaltung führte sein Pressechef Friedbert Pflüger die Unterhaltung mit ihr fort. Yael Gouri, die „wegen der Hypothek der Vergangenheit" niemals hatte Deutschland besuchen wollen, erhielt die überraschende Einladung, mit der Präsidentenmaschine in die Bundesrepublik zu fliegen. Sie nahm das Angebot nach langer Diskussion an und reiste nach Deutschland, gab zahl-

Richard von Weizsäcker bei seinem Israel-Besuch 1986 in der Gedenkstätte Yad Vashem.

reiche Interviews und absolvierte ein umfangreiches Besuchs-
programm.

Zwei Jahre später kam zum ersten Mal mit Chaim Herzog
ein israelisches Staatsoberhaupt in die Bundesrepublik.
Richard von Weizsäcker, den eine persönliche Freundschaft
mit ihm verband, schrieb über den Besuch und seinen Gast:
„Wir fuhren nach Bergen-Belsen. Er sprach, wie er war: Die
einzigen, die vergeben können, sind tot; die Lebenden haben
kein Recht, zu vergessen."

1986 bereiste der Bundespräsident die asiatischen Staaten
Birma, Bangladesch und Malaysia und stattete dem Nachbarn
Österreich einen Besuch ab. Als erstes westliches Staatsober-
haupt flog er nach dem Militärputsch von 1980 in die Türkei.
In Großbritannien durfte Richard von Weizsäcker eine Rede
vor beiden Häusern des Parlaments halten und spann den

Bogen zu seinem frühen Aufenthalt auf der Insel: „Goethe meinte 1828: ‚Könnte man nur den Deutschen nach dem Vorbild der Engländer weniger Philosophie und mehr Tatkraft, weniger Theorie und mehr Praxis beibringen.' Ich selbst bin weder Dichter noch Denker. Aber mich haben die persönlichen Eindrücke tief geprägt, die ich vor dem Krieg als Jüngling in Ihrem Lande empfangen habe."

In Deutschland stieß Richard von Weizsäcker mit seiner Weihnachtsansprache 1985 eine Diskussion über die Begnadigung von verurteilten Verbrechern an. Es ging um den Hitler-Stellvertreter Rudolf Heß. „Er war wahrlich kein Kämpfer für Menschenrechte und Freiheit. Als Hitlers Stellvertreter wurde er zu lebenslanger Haft verurteilt. Das entspricht unserem Rechtsempfinden. Doch nun verbüßt er seine Strafe seit 44 Jahren. Er ist ein zweiundneunzigjähriger Greis. Er hat keine irdischen Hoffnungen mehr. Welchem Gefühl, welchem menschlichen Wert soll so ein Strafvollzug noch dienen? In der Hitlerzeit gab es keine Gnade, und heute? Barmherzigkeit würde das Urteil über begangene Untaten nicht aufheben, sondern nur noch bekräftigen. ‚Gnade ist die Stütze der Gerechtigkeit', so sagt es ein tiefes und großherziges russisches Sprichwort. Sie sollte ihm zuteil werden im Friedensjahr 1986." Richard von Weizsäcker erwähnte in seiner Rede auch die Inhaftierten Sacharow und Mandela; dass er diese drei in einer Rede genannt hatte, warf er sich später vor, da die Fälle doch von unterschiedlicher Art seien. Die Diskussion über eine Begnadigung von Heß war vielseitig. Die Wochenzeitschrift „Christ in der Gegenwart" merkte an: „Hier spüren wir auf einmal in der Politik das Echo der Bergpredigt. Offenbar ist es möglich, beides ganz vernünftig zu verbinden: Gnade und Recht, Liebe und Gesetz. Die Rede des Bundespräsidenten ist ein Beispiel für eine realistische und christliche Haltung." Eine Begnadigung von Rudolf Heß war aber international nicht durchsetzbar. Die Staatsoberhäupter der vier Siegermächte des Zweiten Weltkriegs, die ihre Zustimmung geben mussten, sprachen sich gegen seine Freilassung aus.

Rudolf Heß nahm sich 1987 im Gefängnis Berlin-Spandau das Leben.

Im Fall inhaftierter Terroristen der Rote Armee Fraktion stellte sich für Richard von Weizsäcker erneut die Frage nach der Anwendung des Gnadenrechts. In seiner Eröffnungsrede zum 56. Deutschen Juristentag äußerte er sich im September 1986 dazu: „Rechthaber gibt es genug, die die alleingültigen ethischen Wahrheiten ihrer Standpunkte und Interessen verkünden. Den verantwortlichen Juristen kennzeichnet die Erfahrung vom begrenzten menschlichen Vermögen bei der ständigen Suche nach Wahrheit. Er sollte am besten wissen, dass das ganze Leben von Recht betroffen ist, aber auch, dass es andere Werte und Quellen gibt, von denen der Mensch lebt. Ein Ausdruck dieser Erkenntnis ist die Gnade. Gemeint ist nicht die göttliche Gnade, die mit Liebe vergilt, anstatt nach Gerechtigkeit zu messen, freilich auch nicht – obwohl wir vom Gnadenrecht sprechen – die allgemeinverbindliche Gnadenrichtlinie. Eine Tendenz zu ihrer Verrechtlichung ist leider da. Es ist schwerer geworden – und um so dringlicher –, ihre Aufgabe heute verständlich zu machen. Der Volksmund sagt noch immer: Gnade vor Recht. Man müsste heute eher sagen: Gnade nach dem Recht. Sie kann zum Zuge kommen, wenn der Rechtsstaatlichkeit Genüge getan ist. Der Gnadenerweis ist kein Widerruf des Urteils, keine Rehabilitierung. Sie greift ein, wenn es die Person des Täters erlaubt und die Entwicklung seiner Lebensumstände nahe legen. Das Recht ist ein wichtiger, aber gewiss nicht der einzige Maßstab für sie." Richard von Weizsäcker hatte über die Gnadengesuche von Angelika Speitel und Peter-Jürgen Boock zu entscheiden. Speitel, ehemaliges Mitglied der Rote Armee Fraktion und zu zweimal lebenslanger Haft verurteilt, wurde 1989 begnadigt. Dem Gesuch von Boock wurde nicht entsprochen; er wurde erst 1998 freigelassen.

1987 kam auf Richard von Weizsäcker eine eher ungewöhnliche außenpolitische Mission zu: Mit einem Staatsbesuch in Moskau sollte er helfen, das frostige deutsch-sowjetische Verhältnis aufzutauen. Bundeskanzler Helmut Kohl, dessen CDU/FDP-Regierungskoalition bei den Bundestagswahlen im Januar trotz Verluste bestätigt worden war, hatte sich im Oktober 1986 zu einem fatalen Vergleich hinreißen lassen. Er hatte in einem Interview mit dem US-Magazin „Newsweek" gesagt: „Gorbatschow ist ein moderner kommunistischer Führer, der sich auf Public Relations versteht. Goebbels, einer der Verantwortlichen für die Verbrechen der Hitlerzeit, war auch ein Experte in Public Relations." Dies hatte zu erheblichen Verstimmungen in den deutsch-sowjetischen Beziehungen geführt. Das war umso schlimmer, da Deutschland Gefahr lief, angesichts fortschreitender Reformen in der Sowjetunion und anderen osteuropäischen Staaten in der internationalen Entspannungspolitik keine Rolle zu spielen. Weizsäcker hielt in der Sowjetunion Reden, diskutierte mit Moskauer Studentinnen und Studenten und traf sich mit Michail Gorbatschow. Der Reformer leugnete ihm gegenüber schlicht die Existenz einer offenen deutschen Frage. Richard von Weizsäcker schrieb, dass der Kreml-Chef meinte, man solle die Lösung der Geschichte überlassen – „niemand wisse, was in hundert Jahren sei". Als er Gorbatschow daraufhin schmunzelnd fragte, „ob er denn wisse, was in fünfzig Jahren passiere, begann auch er zu lächeln". Das Eis war gebrochen und es gelang, die deutsch-sowjetischen Beziehungen zur reanimieren. Etwas erstaunt schrieb Richard von Weizsäcker später, dass das Gespräch für Gorbatschow eine Premiere war: Nie zuvor habe der Kreml-Chef mit einem Deutschen über die deutsche Frage geredet. Nur etwas mehr als zwei Jahre später sollte die Mauer fallen und die Deutschen – auch dank der Unterstützung Gorbatschows – den Weg der Vereinigung gehen.

Aber so weit war es längst noch nicht. Ganz im Gegenteil. Das SED-Regime in der DDR schien sich seiner Machtposition sicher zu sein und ignorierte, was sich im Land tat. Dass die wirtschaftlichen Verhältnisse immer katastrophaler wurden, merkten vor allem die Bürger. Auf der offiziellen

Erich Honnecker besuchte 1987 erstmals die BRD. Mit Richard von Weizsäcker spazierte er durch den Garten der Villa Hammerschmidt.

politischen Bühne wurde zu dieser Zeit noch ein ganz anderes Stück aufgeführt. Als erstes Staatsoberhaupt der DDR kam Erich Honecker zu einem offiziellen Besuch in die Bundesrepublik. Neben Kohl traf er sich auch mit Richard von Weizsäcker, allerdings nicht im Rahmen eines offiziellen Empfangs, denn die DDR stellte für die Bundesrepublik kein Ausland dar und eine Begrüßung durch den Bundespräsidenten wäre unangemessen gewesen.

In der Folgezeit wurden die Risse im Ostblock immer tiefer und deutlicher. Michail Gorbatschow kämpfte in der Sowjetunion gegen den Widerstand altkommunistischer Apparatschiks und rang darum, seine fundamentale Reformpolitik verwirklichen zu können. Derweil nahmen die Zentrifugalkräfte in dem Riesenreich zu. Nationalitätenkonflikte in der Sowjetunion brachen offen aus, Armenien und Aserbaidschan führten blutige Kämpfe um die unwegsame Region Bergkarabach.

Als Richard von Weizsäcker im Mai 1989 mit überragendem Ergebnis für eine zweite Amtszeit gewählt wurde, hatte Ungarn als erstes Land des Warschauer Paktes bereits die Grenzen zum Westen geöffnet. Die Welt war vielerorts im Umbruch.

In seiner Rede zum 40. Jahrestag des Grundgesetzes 1989 fragte Richard von Weizsäcker, ob wir tatsächlich in einer guten Verfassung seien. Er wies nicht zuletzt auf die überragende Rolle der politischen Parteien hin, deren Machtzuwachs er, wie schon öfters, kritisch sah: „Wahr ist auch, dass es den Parteien um die Macht geht. Allmächtig aber sind sie gerade nicht. Vielmehr sind sie abhängig vom Mehrheitsmandat, um das sie ständig kämpfen müssen. Nicht ihre Selbstherrlichkeit ist die große Gefahr; dann schon eher, dass sie auf der Suche nach Stimmen allzu viele Wünsche gleichzeitig erfüllen wollen. Wenn die Parteien die Lösung der Probleme dem Streit gegen die Konkurrenz unterordnen, wenn sie die Fragen der Zeit zu Instrumenten im Kampf um die Macht entwerten, ja, dann leidet ihre Glaubwürdigkeit. Aber das schadet nicht nur ihnen, sondern uns allen. Denn einen Ersatz für sie gibt es nicht."

Zur deutschen Einheit sagte er: „Wir stehen im Dienste der politischen Ziele, die uns die Präambel des Grundgesetzes vorgibt: Frieden, Einheit der Europäer, Einheit der Deutschen. Wie wir ihnen näher kommen, das will und kann uns die Verfassung nicht vorschreiben. Wir müssen den Einklang der Ziele und den Weg zu ihnen selbst finden."

Den Weg zu einer neuen Ordnung beschritten zunächst die Bürger der DDR. Zu tausenden kehrten sie ihrem Staat den Rücken und suchten Zuflucht in der Vertretung der Bundesrepublik Deutschland in Ost-Berlin und den deutschen Botschaften in Warschau oder Prag. Die Opposition gegen das SED-Regime wuchs und schuf immer neue Formen des Protestes. Das „Neue Forum" wurde als landesweite Oppositionsgruppe der DDR aus der Taufe gehoben. Derweil feierte die alte Riege der DDR-Politiker unverdrossen den 40. Geburtstag der DDR – in Anwesenheit von Michail Gorbatschow. Erich Honecker nahm wie ehedem Militärparaden ab; mit ihm feierten die Polit-Größen sich und all das, was sie für einen Erfolg des Sozialismus hielten. Der Kreml-Chef erfüllte die Hoffnungen der vielen Regimegegner nicht, aber sein Ausspruch „Wer zu spät kommt, den bestraft das Leben" wurde rasch zu einem geflügelten Wort. Übrigens ist nicht so klar, wer eigentlich Urheber dieses Ausspruchs war, vermutlich Gorbatschows Sprecher Gennadi Gerassimow, der ihn gegenüber der Presse formulierte. Montagsdemonstrationen in Leipzig, Ost-Berlin und anderswo zwangen die Machthaber der DDR letztendlich in die Knie. Der Rücktritt von Erich Honecker konnte die Lage nicht stabilisieren, am 9. November 1989 notierte die Weltpresse Schabowskis unbeholfen vorgetragene Nachricht „Privatreisen nach dem Ausland können ohne Voraussetzungen beantragt werden" – die Mauer fiel, die Menschen in Ost und West feierten ausgelassen und gemeinsam.

Niemand, auch kein Politiker, war wirklich auf dieses Ereignis vorbereitet. Auch Richard von Weizsäcker bekannte: „Wir

Richard von Weizsäcker bei einem Besuch der Rostocker Schiffswerft 1989.

hatten die immer kühneren Vorstöße der Bürgerrechtler täglich erlebt. Und doch blieben wir allzu fest in den Denkstrukturen des Kalten Krieges verklammert: Wir waren davon überzeugt, dass die Mauer auf keinen Fall von Bestand in der Geschichte sein würde, aber gleichermaßen davon, dass nicht wir ihr Ende erleben würden. Von einem Tag zum anderen war alles verändert."

Richard von Weizsäcker schilderte, was er am 13. November 1989 mitten in Berlin erlebte und wie ihn dieses Ereignis berührte: „Nach dem Gottesdienst ging ich zum Potsdamer Platz in der Stadtmitte, wo soeben ein Grenzübergang eröffnet worden war. Von seiner Westseite aus überquerte ich allein die menschenleere, unbebaute große Fläche des Platzes in Richtung auf die Baracke der Grenzpolizei am Ostrand. Es war zu sehen, dass man mich durch Ferngläser beäugte. Als ich bis auf einige Meter herangekommen war, öffnete sich die Tür. Heraus trat ein Oberstleutnant, ging auf mich zu, machte eine Ehrenbezeugung, wie ich sie selbst als Potsdamer Rekrut vor dem Krieg nie korrekter gelernt hatte, und sagte: ‚Herr Bundespräsident, ich melde: keine besonderen Vorkommnisse.' Wir gaben uns die Hand. Das war für mich ein unvorstellbarer persönlicher Vollzug der deutschen Vereinigung."

1990 kam es endlich auch zu der Auslandsreise, die Richard von Weizsäcker sich schon seit langem wünschte: „Neun Länder grenzen an Deutschland. Alle hatte ich schon besucht außer Polen, dem zusammen mit Frankreich wichtigsten Nachbarn für uns Deutsche", schrieb er. Nachdem ein offizieller Staatsbesuch am 1. September 1989 anlässlich des Kriegsausbruchs vor 50 Jahren noch an ungeklärten bilateralen Themen gescheitert war, reiste der Bundespräsident im Mai 1990 endlich nach Warschau. Mit dem Schriftsteller Tadeusz Mazowiecki, seit August 1989 Ministerpräsident Polens, verband ihn schon seit längerer Zeit ein freundschaftlicher Kontakt. Auf dem Gelände des ehemaligen Vernichtungslagers Treblinka nordöstlich der Hauptstadt reichten sich Weizsäcker und der polnische Staatspräsident Wojciech Jaruzelski die Hand. Der Bundespräsident besuchte Danzig und die Westerplatte, wo 1939 der Zweite Weltkrieg entfesselt wurde. Er bekräftigte die Unantastbarkeit der Oder-Neiße-Linie als deutsch-polnische Grenze. Dass Richard von Weizsäcker das Schicksal des Nachbarlandes stets mit emotionaler und persönlicher Anteilnahme verfolgt hat, spiegelte sich auch in dem Staatsbesuch wider: „Es war herzbewegend auf jeder Station der Reise, voller Erinnerungen an glückliche und schwere Erfahrungen der Vergangenheit und voller zuversichtlicher Hoffnung auf das gemeinsame Europa."

Mit dem Beitritt der DDR zur Bundesrepublik im Jahr 1990 war die deutsche Einheit hergestellt, Richard von Weizsäcker der erste gesamtdeutsche Bundespräsident. In seiner Ansprache am 3. Oktober nahm er jeden Bundesbürger in die Pflicht: „Heute, liebe Landsleute, begründen wir unseren gemeinsamen Staat. Wie gut uns die Einheit menschlich

*Richard von Weizsäcker im Kreis seiner Familie (Mai 1989) mit
Sohn Andreas, Ehefrau Marianne mit Enkelkind Viktoria auf
dem Arm, Schwiegertochter Gabriele, Sohn Robert, Tochter Beatrice
(stehend v.l.) und Sohn Fritz mit Enkelkind Sophie (vorne).*

gelingt, das entscheiden kein Vertrag der Regierungen, keine Verfassung und keine Beschlüsse des Gesetzgebers. Das richtet sich nach dem Verhalten eines jeden von uns, nach unserer eigenen Offenheit und Zuwendung untereinander. Es ist das ‚Plebiszit eines jeden Tages‘, aus dem sich der Charakter unseres Gemeinwesens ergeben wird.“

Als Bundespräsident ließ Weizsäcker seine CDU-Mitgliedschaft ruhen. Seit dem Ende seiner Amtszeit im Jahr 1994 hat er sie nicht wieder aufgenommen. „Das heißt natürlich nicht, die Seiten zu wechseln, aber auch nicht, die zehn Jahre lang ernsthaft praktizierte Überparteilichkeit plötzlich wie einen Fastnachtshut wieder abzulegen.“

Neuntes Kapitel

Kein Schatten auf dieser Gestalt

Die Deutschen – gerade auch die jungen – haben Richard von Weizsäcker als Staatsoberhaupt akzeptiert und hochgeschätzt. In einer vom „Spiegel" 1994 in Auftrag gegebenen repräsentativen Umfrage des Emnid-Instituts zum Lebensgefühl junger Deutscher lautete eine der Fragen: Vor wem haben Sie den meisten Respekt? Richard von Weizsäcker rangierte mit klarem Abstand auf Platz 1, weit vor Michail Gorbatschow, Konrad Adenauer, Heinz Rühmann und Rosa Luxemburg. „Offenbar entspricht er genau der Wunschvorstellung, die die Bürger sich von ihrem Staatsoberhaupt machen. Wenn man einen idealen Bundespräsidenten synthetisch herstellen könnte, dann würde dabei kein anderer als Richard von Weizsäcker herauskommen", resümierte die „Zeit".

Mit dem Ende seiner Amtszeit als Bundespräsident hatte Richard von Weizsäcker seinen 74. Geburtstag gerade hinter sich – ein Alter, in dem viele Menschen schon seit Jahren den wohlverdienten Ruhestand genießen. Für manche Staatsmänner und Spitzenpolitiker gelten aber andere Regeln. Wer wie Richard von Weizsäcker noch viel zu sagen hat und gerne angehört wird, kann sich über Langeweile nicht beklagen.

Bereits bei seiner Abschiedsrede als Bundespräsident hatte er angekündigt, dass er sich auch weiterhin einmischen wolle: „Meine Damen und Herren, einen Satz muss ich noch hinzufügen, denn: Innehaben darf ich weiterhin – laut Lichtenberg – ‚freien Sitz und Stimme in dem Rat über Irrtum und Wahrheit', jenem Rat in unserer Demokratie, dem wir alle, jung und alt, mit oder ohne Amt, zusammen angehören – zum Wohl unseres Landes."

Richard von Weizsäcker blieb den eigenen Prinzipien treu und war immer ein engagierter Bürger, der zu den gesellschaftlichen und politischen Fragen der Zeit Stellung nahm. Er mahnte unter anderem einen verantwortlichen Umgang mit den Medien an, äußerte sich zur Asylgesetzgebung und über den Umgang mit dem DDR-Unrecht sowie der PDS. Irak-Krieg, Afghanistan-Krieg, Finanzkrise, Doping – kaum ein aktuelles Thema von politischem oder gesellschaftlichem Gewicht blieb ohne einen klugen Kommentar Richard von Weizsäckers. Fernsehauftritte nutzte er schon mal, um gleich ein kleines Grundsatzreferat beispielsweise über die Mechanismen des weltweiten Finanzsystems zu halten.

Auch einen verantwortungsvollen Umgang mit unserer Umwelt mahnte Richard von Weizsäcker an, wie er dies auch früher schon gefordert hatte, unter anderem in seiner Rede zur deutschen Vereinigung: „Unsere Mitverantwortung unter den Völkern gilt besonders der Umwelt. Nicht alles, was Menschen technisch und ökonomisch fertig bringen, dürfen sie der Natur zumuten. Es geht um mehr als nur um die Bewohnbarkeit der Erde für den Menschen. Menschen können zerstören, was sie nicht geschaffen haben und worüber sie nicht verfügen dürfen: die Schöpfung. Diese Freiheit haben sie sich genommen. In der Verantwortung der Freiheit wird sich zeigen, ob sie ethisch und damit am Ende auch biologisch überlebensfähig sind."

Richard von Weizsäcker blieb auf eine besondere Art in der Öffentlichkeit präsent, weil sich seine klugen und tiefgründigen Beiträge von den vielen Worthülsen in Politikerreden unterschieden – man konnte meist etwas von ihm lernen. Er erklärte souverän politische, gesellschaftliche und ökonomische Zusammenhänge oder formulierte moralisch-ethische Grundsätze, die die Bürger ihm abnahmen. Zu aktuellen Themen der Tagespolitik war seine Meinung stets gefragt. In der ARD-Sendung „Beckmann" äußerte er sich im Dezember 2009 neben Verteidigungsminister Karl-Theodor zu Guttenberg zur Lage am Hindukusch, wie man es von ihm gewohnt war – klar, mit wohl gesetzten Worten, immer das Grundlegende im Blick: „Ich finde es nicht besonders gut, wenn gegenwärtig dieses außerordentlich schwierige und empfindliche und vor allem für unsere Soldaten so belastende Thema zum Gegenstand des mehr oder weniger üblichen Parteienkampfs untereinander wird", stellte er klar.

In seinen Büchern wies er unter anderem auf die verpassten Chancen hin, die Überwindung der Teilung Deutschlands durch Teilen zu gestalten. „Drei Tage nach der Eröffnung der Mauer hatte ich zum ersten Mal öffentlich von der Notwendigkeit des Teilens gesprochen. Ein rechtzeitiges klares Signal der politischen Führung, dass das historische Ereignis der Vereinigung durch einen Beitrag des Westens in vergleichbar historischer Größenordnung zu begleiten sei und dass dies eben nicht aus Wachstumsgewinnen oder einem gigantischen Haushaltsdefizit finanziert werden könne und dürfe, blieb aus." Dies sei ein schweres materielles und menschliches Versäumnis gewesen, diagnostizierte Richard von Weizsäcker. Damit verbunden war immer wieder die Kritik an den Parteien, denen er schon seit Jahren Machtversessenheit, ein überhöhtes Maß an Parteitaktik und zu wenig Reformkraft vorwarf.

Im Zentrum seiner Kritik stand häufig Helmut Kohl, Bundeskanzler bis 1998, den Richard von Weizsäcker in Gesprächen und Reden namentlich nicht erwähnte, aber wer zwischen den Zeilen lesen wollte, ahnte, wer gemeint war. Die Darstellung des wechselvollen Verhältnisses zwischen dem robusten Kohl und dem feinsinnigen Weizsäcker könnte Bände füllen. Richard von Weizsäcker übte sich bis in die Gegenwart in freundlicher Zurückhaltung, wenn es um persönliche Attacken gegen Kohl ging und beließ es zumeist bei durchaus scharfen Ermahnungen an die Adressen der Parteien. „In täglichen Leitartikeln der ‚Herald Tribune' kann ich mehr an konzeptionellen Gedanken finden als in den Äußerungen unserer parteipolitischen Machtzentren", wetterte er in einem „Spiegel"-Gespräch 1997.

Als ersten Deutschen empfing Jiang Zemin, chinesischer Staatspräsident, Richard von Weizsäcker in seinem Haus in einem streng bewachten Teil der Verbotenen Stadt.

Richard von Weizsäcker war nach seiner Amtszeit als Bundespräsident unter anderem Vorsitzender der Wehrstrukturkommission, stand vielen Regierungen – unter anderem der polnischen – mit seinem Rat zur Verfügung und hielt Reden vor Industriellen und Politikern. Er unternahm zahlreiche Reisen, traf das Kaiserpaar in Japan, besuchte die Verbotene Stadt in China und machte dem Königreich Bhutan seine Aufwartung. Natürlich war er auch immer wieder Gesprächspartner, wenn es um Geschichte, die Rolle Deutschlands und die Zukunft Europas ging. Für eines der wichtigsten Anliegen in der Weltpolitik hält er die Kernwaffenfrage und lobte ausdrücklich US-Präsident Barack Obama, der „das Ziel einer atomwaffenfreien Welt wieder auf die Agenda gehoben" habe.

Privat musste er 2008 den Tod seines zweitältesten Sohnes Andreas verkraften. Der Bildhauer und Dozent an der Akademie der Bildenden Künste in München war im Alter von 51 Jahren seinem Krebsleiden erlegen. Der älteste Sohn Robert von Weizsäcker ist Professor für Volkswirtschaftslehre an der Technischen Universität München und Präsident des Deutschen Schachbundes, der jüngste, Fritz von Weizsäcker, Chefarzt in Berlin und Professor für Innere Medizin. Tochter Beatrice von Weizsäcker ist promovierte Juristin und freie Journalistin. Seit 2009 gehört sie dem Präsidium des Deutschen Evangelischen Kirchentags an. Ehefrau Marianne von Weizsäcker ist der Stiftung „Integrationshilfe für ehemals Suchtkranke", die sie 1989 ins Leben rief, als Schirmherrin verbunden.

Der siebenfache Großvater ist bis heute ein engagierter Protestant geblieben. Bischöfin Margot Käßmann, EKD-Ratsvorsitzende, sagte im Januar 2010 über ihn: „An Richard von Weizsäcker schätze ich seine Besonnenheit, die Freundlichkeit, mit der er zuhört, diese Neugier auf Menschen und ihre Standpunkte, auch wenn der Gesprächspartner vermeintlich nicht so wichtig ist. Das habe ich bewundert, und davon habe ich auch gelernt. Er hat die Kirchentagsbewegung entscheidend geprägt mit einer ganzen Generation von Protestanten, die dafür Sorge tragen wollten, dass die Evangelischen nie wieder so in die Irre gehen wie in der Zeit des Nationalsozialismus. Für mich ist er geradezu das Urbild eines Protestanten, der seinen Glauben im Beruf als Maßstab des Handelns sieht."

Richard von Weizsäcker hat zahlreiche Ehrendoktorhüte, Auszeichnungen und Preise erhalten. 2009 verlieh man ihm in München den Literaturpreis Corine, benannt nach einer Figur der Commedia dell'arte, in der Kategorie Sachbuch für sein Werk „Der Weg zur Einheit". Kurz zuvor hatte er in

Im Herzen Berliner. Richard von Weizsäcker auf dem Gendarmenmarkt.

Emden die Martin-Luther-Medaille des Rates der Evangelischen Kirche in Deutschland erhalten. Der Gottesdienst in der Neuen Kirche in Emden gab einen kleinen Eindruck von der Haltung, die Richard von Weizsäcker sich bis in die Gegenwart bewahrt hat. Er ist aufmerksam und neugierig geblieben. Die Predigt von Kirchenpräsident Jann Schmidt hat ihn auf besondere Weise angesprochen: „Der Gottesdienst hat mich sehr beeindruckt, zumal ich relativ selten Gelegenheit habe, einen wirklich reformierten Gottesdienst zu erleben. Die Predigt des Präsidenten über ‚Ein feste Burg ist unser Gott' habe ich mit großem Interesse angehört, nicht zuletzt deshalb, weil sein Ausgangsverständnis von diesem Lied die Sorge und Angst derer war, die das sangen, während ich dieses Lied eigentlich als ein Lied der Zuversicht, fast möchte ich sagen, der Freude, in Erinnerung habe und natürlich auch oft gesungen habe."

Jann Schmidt hatte gepredigt: „Nein, ein christlich deutsches Schutz- und Trutzlied ist das nicht und auch nicht die Fanfare der Reformation. Es ist ein Lied, das Menschen anstimmen, die von Angst geschüttelt werden, die den Boden unter den Füßen verlieren. Es ist ein Lied, das seinen Ursprung im 46. Psalm hat und mit dem Psalm in geradezu verwegener und trotziger Zuversicht von der Macht des lebendigen Gottes singt."

Sein ungebrochenes Interesse an wichtigen Themen beeindruckt viele Menschen. Kara Huber, Lehrerin und Ehefrau von Bischof Wolfgang Huber schätzt Richard von Weizsäcker sehr: „Seine Persönlichkeit weckt bei Menschen, denen er begegnet, Respekt und Zuneigung; sie spüren zugleich, dass er ihnen Respekt und Zuneigung entgegenbringt." Dieses Interesse an den Menschen hat er sich bis ins hohe Alter in einer erstaunlichen Weise bewahrt. Dabei handelt es sich um ein Charisma, das ihm in vielen Gruppen unserer Gesellschaft Autorität verleiht. Urteilskraft und persönliche Erfahrung verbinden sich bei ihm zu einer beeindruckenden Einheit.

Seit 1967 erlebe ich Richard von Weizsäcker auf den Evangelischen Kirchentagen, bis 1989 bei den gesamtdeutschen Empfängen. Beispielhaft ist er für mich darin, Menschen zu akzeptieren, die anders sind und an den Rändern leben. In den Fragen der Akzeptanz von Ausländern kämpft er immer wieder gegen Vorurteile, um die Einsicht zu wecken: Wir haben Platz für Ausländer und müssen neue Wege riskieren."

Richard von Weizsäcker wird viel gelobt. Auch zwei Grandes Dames der Bundesrepublik Deutschland fiel nur Positives zu seiner Person ein: „Weizsäcker ist als moralische Autorität unangefochten. Ich weiß von keinem anderen in unserem Lande, dem alle zuhören, wenn er spricht: die Jungen und die Alten, die Rechten und die Linken", schrieb die Publizistin Marion Gräfin Dönhoff. Noch pointierter wurde

Richard von Weizsäcker vor dem Friedensdenkmal der Kinder in Hiroshima. In Erinnerung an die Opfer des Atombombenabwurfs wird der Platz jedes Jahr mit Tausenden Papierkranichen geschmückt.

146

die Meinungsforscherin Elisabeth Noelle-Neumann zitiert: „Kein Schatten auf dieser Gestalt."

Richard von Weizsäcker scheint beinahe ein Mensch ohne Fehl und Tadel zu sein. Er selbst würde dies bestimmt energisch von sich weisen. Wer kritteln will, kann sagen, dass der Freiherr beeindruckt, aber als Politiker nicht wirklich begeistert und die Massen mitgerissen hat. Das dürfte ihm aber auch ganz recht gewesen sein.

Er war nie wie der visionäre Willy Brandt, der streitlustige Herbert Wehner, erst recht nicht wie der polternde Franz Josef Strauß, allesamt Politiker, die Stimmungen erzeugen und aufgreifen, einen Saal zum Kochen bringen und Menschen mitreißen konnten – die aber auch persönlich angegangen, mit Hohn und Spott überzogen, sogar verachtet und gehasst wurden. Mit seinem Verhalten, mit seinen Auftritten und bedachten Äußerungen hat er viel für eine neue Art der politischen Auseinandersetzung getan, hat die Entwicklung einer Bürgergesellschaft befördert.

Neben guten Startchancen und einer Portion Glück hat Richard von Weizsäcker vor allem das Gespür für die richtigen Entscheidungen zur passenden Zeit gehabt – gutes Timing, würde man sagen. Darüber hinaus hat er Mut zur eigenen Meinung bewiesen. Hinzu kommt, dass er sich keine Skandale geleistet hat und seinen Lebenswandel – soweit er öffentlich wurde – an den eigenen hohen Ansprüchen ausgerichtet hat. Dies trug maßgeblich dazu bei, dass viele Menschen ihm Vertrauen entgegenbringen. Ein wichtiges Fundament war für ihn stets der Glaube an Gott und die Überzeugung, dass der Mensch mehr brauche als Einsicht und Vernunft, „nämlich Glaube und Gnade ... Der Mensch wird – im lutherischen Verständnis – nicht durch seine Werke geheiligt, sondern durch die wahrhaftige Suche nach dem gnädigen Gott".

Das Wissen um die begrenzten Mittel des Menschen und seine Schwächen sowie das Vertrauen in Gott hat Richard von Weizsäcker getragen – in seinem gesellschaftlichen Engagement wie in seinen politischen Funktionen. In diesem Sinne wünscht man sich mehr Weizsäckers in verantwortungsvollen Positionen von Staat und Gesellschaft, die mit Weitblick, Toleranz und Offenheit die Zukunft gestalten.

Lebensdaten

15. April 1920	Geburt in Stuttgart
1922–1924	Aufenthalt in Basel
1925–1927	Aufenthalt in Kopenhagen; Besuch der deutschen Petri-Schule
1927–1933	Aufenthalt in Berlin
1933	Aufenthalt in Oslo
1933–1937	Aufenthalt in Bern
1937	Abitur in Berlin; Auslandssemester in Oxford
1937/38	Auslandssemester in Grenoble
1938	Reichsarbeitsdienst
1938–1939	Soldat im Infanterieregiment 9
1939–1945	Soldat im Zweiten Weltkrieg
1945–1950	Studium in Göttingen
1948–1949	Hilfsverteidiger seines Vaters im Wilhelmstraßen-Prozess
1950	Erste Teilnahme an einem Kirchentag (in Essen)
1950–1958	Angestellter bei Mannesmann
1953	Heirat mit Marianne von Kretschmann
1954	Eintritt in die CDU
1954	Geburt des Sohnes Robert
1956	Geburt des Sohnes Andreas
1958	Geburt der Tochter Beatrice
1958–1962	Gesellschafter des Privatbankhauses Waldthausen
1960	Geburt des Sohnes Fritz
1963–1966	Mitglied der Geschäftsleitung des Pharma-Unternehmens Boehringer
1964–1970	Präsident des Deutschen Evangelischen Kirchentags
1965	Ostdenkschrift der EKD erscheint; sie entstand unter maßgeblicher Mitarbeit Richard von Weizsäckers

1966–1984	Mitglied im CDU-Bundesvorstand
1967–1984	Mitglied der Synode der EKD
1968	Kandidatur für das Amt des Bundespräsidenten scheitert innerparteilich gegen Gerhard Schröder
1969–1981	Mitglied des Deutschen Bundestages
1969–1985	Mitglied im Rat der EKD
1974	Kandidatur für das Amt des Bundespräsidenten (Niederlage gegen Walter Scheel)
1972–1979	Stellvertretender Vorsitzender der CDU/CSU-Fraktion
1979–1981	Präsident des Deutschen Evangelischen Kirchentags
1979–1981	Vizepräsident des Deutschen Bundestages
1981–1984	Regierender Bürgermeister von Berlin
1984–1994	Bundespräsident
1985	Rede zum 40. Jahrestag des Kriegsendes; Staatsbesuch u. a. in Israel
1986	Staatsbesuch u. a. in England
1987	Staatsbesuch u. a. in der Sowjetunion
1990	Staatsbesuch u. a. in Polen; Rede zur Wiedervereinigung Deutschlands
1997	Veröffentlichung seiner Erinnerungen „Vier Zeiten"
2001	Veröffentlichung seines Buches „Drei Mal Stunde Null? 1949 – 1969 – 1989"
2009	Sein Buch „Der Weg zur Einheit" erscheint; Verleihung der Martin-Luther-Medaille

Bibliografie

Reiner Ansén (Hrsg.): *Richard von Weizsäcker. Gedanken &
Zitate*, zusammengestellt und herausgegeben von Reiner
Ansén, Leib & Seele Mediaconcept, Zürich 1994

Gunter Hofmann, Werner A. Perger: *Richard von Weizsäcker im
Gespräch mit Gunter Hofmann und Werner A. Perger,* Eich-
born Verlag, Frankfurt am Main 1992

Werner Filmer / Heribert Schwan: *Richard von Weizsäcker.
Profile eines Mannes,* EconVerlag, Berlin 1987

Werner Filmer / Heribert Schwan (Hrsg.): *Begegnungen mit
Richard von Weizsäcker,* C. Bertelsmann Verlag, München
1993

Friedbert Pflüger: *Richard von Weizsäcker. Ein Portrait aus der
Nähe,* Deutsche Verlagsanstalt, Stuttgart 1990

Mainhardt Graf von Nayhauß: *Zwischen Gehorsam und Gewissen,* Gustav Lübbe Verlag, Bergisch Gladbach 1994

Kirche in Bewegung, Deutsche Evangelische Woche Hannover 1949,
Predigten und Vorträge gehalten auf der Deutschen Evan-
gelischen Woche in Hannover 1949, Lutherhaus-Verlag,
Hannover

Rüdiger Runge und Margot Käßmann (Hrsg.): *Kirche in Bewegung, 50 Jahre Deutscher Evangelischer Kirchentag,* Güters-
loher Verlagshaus, Gütersloh 1999

Helmut R. Schulze: *Richard von Weizsäcker. Präsident aller Deutschen.* Eine Bildbiographie mit Textbeiträgen von Ludwig
Harms, Edition Pro Terra, Wien 1994

Helmut R. Schulze: *Richard von Weizsäcker. Ein deutscher Präsident.* Eine Bildbiographie mit Texten von Bernhard Wör-
dehoff, C. Bertelsmann Verlag, München 1987

Harald Steffahn: *Richard von Weizsäcker,* Rowohlt Taschenbuch Verlag, Reinbek bei Hamburg 1991

Ulrich Völklein: *Die Weizsäckers. Macht und Moral – Porträt
einer deutschen Familie,* Droemer/Knaur Verlag, München
2004

Ernst von Weizsäcker: *Erinnerungen*, herausgegeben von Richard von Weizsäcker, Paul List Verlag, München 1950

Richard von Weizsäcker: *Vier Zeiten*, Erinnerungen, Siedler Verlag, Berlin 1999

Richard von Weizsäcker: *Drei Mal Stunde Null? 1949 – 1969 – 1989*, BvT Berliner Taschenbuch Verlag, Berlin 2003

Richard von Weizsäcker: *Der Weg zur Einheit*, Verlag C. H. Beck, München 2009

Martin Wein: *Die Weizsäckers. Geschichte einer deutschen Familie*, Deutsche Verlagsanstalt, Stuttgart 1989

Wolfgang Wiedemeyer: *Richard von Weizsäcker. Ein Denker als Präsident*, Verlag Bonn aktuell, Stuttgart 1989